Dr Th. PASCAL

Conférences Théosophiques

A

l'*Aula* de l'Université de Genève

NOVEMBRE-DÉCEMBRE 1900

LES ENSEIGNEMENTS PRINCIPAUX DE LA THÉOSOPHIE

LES RAPPORTS DE LA THÉOSOPHIE

AVEC LA SCIENCE, LES PHILOSOPHIES ET LES RELIGIONS

PRIX : 50 Centimes

PARIS

BAILLY, LIBRAIRE-ÉDITEUR

10, RUE SAINT-LAZARE, 10

1901

CONFÉRENCES THÉOSOPHIQUES

A

l'*Aula*, de l'Université de Genève

NOVEMBRE-DÉCEMBRE 1900

LIVRES A LIRE

EN COMMENÇANT

En vente à Paris, chez BAILLY, éditeur, 10, rue Saint-Lazare.

SAINT-AMAND, CHER. — IMPRIMERIE BUSSIÈRE

Dᴿ Tʜ. PASCAL

Conférences Théosophiques

A

l'*Aula*, de l'Université de Genève

NOVEMBRE-DÉCEMBRE 1900

LES ENSEIGNEMENTS PRINCIPAUX DE LA THÉOSOPHIE
LES RAPPORTS DE LA THÉOSOPHIE
AVEC LA SCIENCE, LES PHILOSOPHIES ET LES RELIGIONS

PRIX : 50 Centimes

PARIS
BAILLY, LIBRAIRE-ÉDITEUR
10, ʀᴜᴇ ꜱᴀɪɴᴛ-ʟᴀᴢᴀʀᴇ, 10

1901

CONFÉRENCES THÉOSOPHIQUES DE 1900

A l'*Aula* de l'Université de Genève.

PREMIÈRE CONFÉRENCE

LA THÉOSOPHIE ET SES PRINCIPAUX ENSEIGNEMENTS

Je suis très honoré, Mesdames, Messieurs, d'avoir été appelé à porter la parole théosophique dans la grande cité genevoise, et je remercie le Département de l'Instruction publique de m'avoir ménagé cette faveur.

Je n'en ai pas moins un grand regret : c'est de ne pas voir à ma place cette intelligence si lumineuse, cette âme si noble, cet orateur si éminent qui s'appelle Mᵐᵉ Annie Besant. Mᵐᵉ Annie Besant avait été primitivement appelée à venir prendre la parole au milieu de vous ; son voyage dans les Indes, où elle se trouve en ce moment, l'en a empêchée.

La Théosophie, quoi qu'on ait pu vous en dire, n'est point un instrument de combat contre les religions ; au contraire, elle m'a appris à les respecter toutes. Partout c'est le rameau d'olivier à la main qu'elle se présente, partout c'est pour unir qu'elle éclaire, partout elle fait appel à l'amour, et le premier des buts de la Société Théosophique, — le seul qu'elle exige de ceux qui demandent à entrer dans son sein, — c'est de former le noyau d'une fraternité universelle, sans distinction de race, de sexe et de credo.

Et quelle ville serait-elle plus apte à accueillir de si nobles doctrines que celle qui a été, de tous temps, le plus grand asile de la liberté de la pensée ? Et quel peuple pourrait-il mieux comprendre et favoriser un nouvel effort vers la fraternité que celui qui, avec les tronçons de trois races a pu faire une nation parlant trois langues, mais n'ayant qu'un seul cœur ?

∴

Qu'est-ce que la Théosophie ?

C'est la Sagesse divine, ou, ce que nous pourrions mieux appeler la science de la Vie. Dieu seul connaît la science divine totale, car c'est lui qui a créé l'Univers ; c'est lui qui le guide par son intelligence, l'anime par son amour, le meut par sa volonté. Mais les êtres forment une vaste hiérarchie dans le Cosmos, et à mesure que leurs facultés s'éveillent, ils deviennent capables de connaître quelque chose de la Vie universelle. L'homme a déjà surpris plus d'un secret de la Nature ; les êtres surhumains ont pénétré beaucoup plus profondément dans son sein ; les êtres divinisés savent beaucoup plus encore de la Vérité. Et dans cette hiérarchie, comme dans la famille humaine, les aînés aident les jeunes ; les plus élevés qui existent sur notre planète, — ceux que les théosophes appellent des Maîtres, parce qu'ils sont *maîtres* de toutes les forces qui agissent sur la planète *terre*, — instruisent certains hommes d'une haute perfection intellectuelle et morale que l'on nomme des *disciples* ; ceux-ci transmettent à leurs élèves ce que ces derniers peuvent comprendre, et ces élèves sont heureux de répandre autour d'eux, parmi les hommes qui souffrent ou cherchent, les fragments de cette théosophie, de cette science divine qu'ils ont pu assimiler.

La Théosophie est donc de tous les temps et de tous les lieux ; son nom seul a changé à travers les âges. Elle est apparue, de nouveau, à la fin du siècle dernier, au moment où l'esprit humain, las de la lettre du dogme et ne trouvant plus dans les religions une lumière suffisante, se jetait dans le matérialisme et vivait dans le doute. A ce moment, un Messager vint redire l'antique vérité, vint apporter un fragment plus grand de cette vérité, pour que tous pussent espérer de nouveau et reprendre leur route un moment obscurcie.

Les enseignements théosophiques sont immenses, ils forment une littérature considérable ; je n'en donnerai ici que quelques-uns, — ceux qui ont une portée pratique, — et je n'aurai que le temps de les effleurer. Je ne pourrai point prouver (1) tout ce que j'ai à dire, le temps est loin de me le permettre ; mais ceci n'a pas une importance très grande, car la théosophie ne veut point de foi

(1) L'on nous a reproché d'avoir affirmé bien des choses sans les prouver. Quel est le savant qui, se présentant devant un auditoire ignorant de la science dont il doit présenter les grandes lignes en quelques heures, serait capable de prouver tout ce qu'il aurait à exposer ? Nous ne sommes pas un savant, mais un simple étudiant ; la théosophie est la plus étendue et la plus profonde des sciences ; et il est des enseignements, — ceux concernant les mondes et les corps invisibles, par exemple, — qui ne se démontrent tout à fait, dont on n'obtient la preuve que par soi-même, par le développement des sens supérieurs : nos critiques n'ont, bien sûr, point songé qu'ils demandaient l'impossible.

basée sur l'autorité, elle nous dit : ne croyez que si votre cœur et
votre esprit vous y autorisent. Ceux d'entre vous que je pourrai in-
téresser, trouveront dans les livres théosophiques, — *s'ils veulent
donner à cette étude le temps voulu,* — toutes les preuves que l'intelligence peut exiger.

Je traiterai, ce soir, quatre points capitaux : *La Constitution de
l'homme, la Fraternité humaine, la Loi de Causalité,* et *la Loi des
Renaissances* ou Réincarnation.

I

La Constitution de l'homme.

L'homme est un petit Univers, un microcosme, a-t-on dit.

Il contient en germe toutes les possibilités de l'univers ; un certain nombre de ces possibilités sont développées jusqu'à un certain
point en lui déjà ; les autres sont encore à l'état embryonnaire et
ne se développeront que plus tard. Or, la matière de l'Univers est
illimitée ; on lui reconnaissait, il n'y a pas encore bien longtemps,
trois états, les états solide, liquide et gazeux. De nos jours, pour
expliquer certaines forces subtiles, — la lumière, l'électricité, la chaleur, — la science a reconnu qu'il fallait admettre l'existence d'un
état de matière plus subtil : l'éther. La théosophie dit qu'il existe
quatre états éthériques, et, qu'au-dessus d'eux, se trouvent d'autres
états plus subtils encore, nécessaires pour expliquer les forces supérieures : la sensation, la pensée, l'amour, la volonté.

La théosophie dit encore : de même que la matière solide prend
des formes diverses que nous appelons les corps visibles des êtres,
de même les états subtils de matière prennent certaines formes, —
des formes sphériques ou ovoïdes le plus souvent.

Les expériences hypnotiques et bien des faits du domaine de la
psychologie, ont prouvé l'existence d'un corps autre que le corps
visible. Pendant le sommeil, l'intelligence, — l'homme, — est ab-
sente du corps ; celui-ci est vivant, toutes ses fonctions animales se
font, mais le mental en est absent. Le cerveau vibre automatique-

ment et reproduit les impressions qui l'ont agité pendant la veille ; mais examinez son rêve ; il est absurde, incohérent ; et l'on ne s'aperçoit de cette incohérence que lorsqu'on est réveillé. A ce moment, l'homme (l'âme, l'Ego) est revenu dans son corps et il juge le rêve.

Il est, au contraire, des rêves supérieurs, dans lesquels l'intelligence est extrêmement lumineuse : on y résout des problèmes difficiles, qui dépassent de beaucoup les facultés de la veille. C'est que le mental, alors, se sert d'un instrument plus subtil, de pouvoir vibratoire considérable ; aussi ce rêve, — qui n'est pas ce rêve banal, cérébral dont j'ai parlé tantôt, — s'imprime-t-il rarement et imparfaitement sur notre cerveau encore trop grossier pour le reproduire par ses vibrations limitées.

Un deuxième fait, c'est que dans les états hypnotiques, alors que le cerveau est au repos complet, alors que les sens sont paralysés, certaines facultés supérieures peuvent se manifester ; autrement dit, quand, par la paralysie hypnotique, le cerveau cesse de vibrer sous les influences du monde extérieur, il peut recevoir l'impression de la vibration du corps subtil dans lequel l'homme se trouve alors : cette impression est reçue, dans ces cas, parce que le cerveau est parfaitement calme et que la vibration grossière qui lui est apportée par le monde extérieur n'empêche pas l'impression de la vibration subtile du corps subtil.

C'est dans ces cas que l'on constate des phénomènes semblables à celui dont parle un de vos compatriotes, le Dr Ladame, dans son livre *La Névrose hypnotique ;* il cite une dame qui ayant été un seule fois au théâtre, put, durant le somnambulisme, chanter le deuxième acte tout entier de l'*Africaine*, tandis qu'elle ignorait entièrement cet opéra pendant la veille.

Cette personne se rappelait l'opéra dans son corps subtil, — le corps astral, — parce que la mémoire, lorsqu'on se trouve dans ce corps, — c'est-à-dire, pendant le sommeil, — est considérable, et elle put, dans l'expérience en question, imprimer cette mémoire sur le cerveau que le sommeil somnambulique avait placé dans un repos complet.

Dans certains cas de folie, le malade a pu devenir raisonnable durant le somnambulisme provoqué. Le cerveau rendu calme, délivré des vibrations tumultueuses qui empêchaient la manifestation de la raison, a pu recevoir l'impression de la vibration saine de l'intelligence en action, pendant le sommeil hypnotique, dans le corps subtil.

Dans le livre *Les Fantômes des vivants*, une commission de psychologues a recueilli des centaines de cas qui prouvent que, lorsque l'homme perd son corps physique (meurt), il reste dans un corps subtil qui survit à la mort et peut se manifester à distance.

Les phénomènes spirites ont prouvé le même fait.

Je pourrais vous donner, si j'en avais le temps, un grand nombre d'autres preuves de l'existence de ce corps tout au moins, mais je dois passer outre.

Les religions admettent, toutes, la pluralité des corps humains : les égyptiens en comptaient sept, les hindous cinq, les romains quatre ; saint Paul parle de deux seulement, — le corps animal et le corps spirituel. La théosophie enseigne que le nombre des corps humains dépend du stage d'évolution des hommes. L'homme actuel en possède trois : le corps visible, le corps dit astral, et le corps mental.

Le corps physique visible, vous le connaissez tous ; je n'en parlerai pas ; les anatomistes vous en diront plus que je ne pourrais vous en apprendre. Mais je crois utile de vous parler de la partie subtile de ce corps physique, la partie que l'on a nommée le « double éthérique » : le « double », parce que cette matière, quand elle est extraite du corps humain, prend la forme du corps visible, — et cela se produit parfois partiellement chez certains individus d'une constitution particulière, chez les sensitifs en général et chez les médiums en particuliers ; « éthérique », parce qu'elle est faite d'éther. Le « double » ne sort jamais, pendant la vie, chez les personnes en bonne santé ; il s'échappe peu à peu pendant l'agonie, et, quand il est tout à fait séparé de la forme physique, la mort se produit. L'éther de ce « double » est le véhicule de la force vitale.

Je dirai quelques mots, aussi, de l'atmosphère invisible qui entoure le corps. Hippocrate l'appelait l'*enormon*, la théosophie la nomme l'« aura de santé ». Cette « aura » (atmosphère) est composée d'émanations corporelles subtiles projetées par l'excès de tension du fluide vital dans le corps : il y a des cristaux microscopiques, des molécules liquides, gazeuses et éthériques. Ce sont des éléments rejetés au-dehors par les courants de vie qui rayonnent du corps. Quand l'énergie vitale est normale, ils forment une espèce d'auréole formée de rayons parallèles, s'échappant perpendiculairement de la surface cutanée (1); quand la santé est très affaiblie, ces courants n'ont plus de force et les rayons s'affaissent contre la surface du corps comme un parapluie que l'on ferme.

Cette « aura de santé » joue un rôle marqué dans la physiologie du corps humain. Elle est comme un régulateur de la tension vitale,

(1) On peut les voir très nettement sur les plaques des expérimentateurs qui ont essayé, dans ces dernières années, de photographier le fluide vital qui s'échappe de la main : le Dr Baraduc, le commandant Tégrad, et surtout Jodko. — J'ajouterai que l'enseignement théosophique sur l'*aura de santé* est bien antérieur à ces découvertes de la science.

une espèce de soupape de sûreté. Elle forme un système remarquable et très important d'excrétion (dépuration). Elle est enfin un organe de défense. En effet, les plus dangereux (1) des agents morbides, — ceux qui opèrent la contagion, par exemple, — sont des êtres infinitésimaux. Ils flottent dans l'air et viennent au contact de nos corps. Lorsque l'« aura de santé » possède une tension normale, elle repousse ces agents morbides, un peu comme une roue en mouvement rejette la boue qui vient à son contact. Si, au contraire, le corps est affaibli, les rayons sans force s'abattent, le tourbillon vital ne produit plus l'effet centrifuge normal, et les germes pénètrent l'organisme.

J'ajouterai un mot au sujet du corps physique. Il contient un certain nombre de centres, — des centres nerveux, — qui correspondent à des centres analogues situés dans les corps supérieurs dont je vais parler dans quelques instants : c'est ainsi que les facultés de ces corps supérieurs, — l'émotion, la pensée, l'amour, la volonté, — peuvent se manifester dans le corps visible.

L'homme a déjà cinq sens : deux encore se développeront. Le sixième sera la vue à travers les corps ; il a été constaté déjà par la science médicale, en Amérique, chez un jeune enfant, qui a pu remplacer avantageusement les rayons Rœntgen et faire bien des diagnostics médicaux ; on s'est aperçu aussi que l'exercice de ce sens fatiguait beaucoup et l'on a dû réduire à deux par semaine le nombre des séances d'expérimentation. Le système nerveux actuel n'est point assez subtil pour pouvoir, sans fatigue, supporter des vibrations si énergiques.

Ce sens a pour instrument, un organe défini du système nerveux ; on ne le nomme point, parce qu'il est dangereux, au stage actuel de l'évolution humaine, de l'éveiller.

Le septième sens possède un autre organe nerveux qui est son instrument dont on ne parle pas, pour la même raison que celle que je viens de signaler. Ce sens est celui de l'intuition, — mot difficile à définir : — c'est la faculté d'imprimer sur le cerveau un nombre considérable des vibrations (c'est-à-dire des pensées) du corps mental. Dans l'état normal, le cerveau ne reçoit que les vibrations mentales les plus simples, et ne peut, par conséquent, manifester qu'une intelligence très limitée ; par l'éducation du centre du septième sens, le cerveau devient capable de recevoir un nombre de vibrations mentales beaucoup plus considérable, et les facultés intellectuelles augmentent prodigieusement alors.

(1) Dangereux, parce qu'ils sont invisibles, et qu'ils échappent à nos recherches microscopiques.

Avec le temps, l'évolution réalisera ce progrès comme tous les autres.

Le premier des corps invisibles a reçu bien des noms. En occident, on le nomme souvent le corps astral: un nom bien mauvais. Il a pourtant quelques droits à le porter : en effet, il est lumineux à l'œil des clairvoyants, et, comparé au corps physique, il pourrait, à la rigueur, rappeler jusqu'à un certain point la lumière d'un astre. Au moyen-âge. on le nommait le corps sidéral, parce qu'on disait, en astrologie, que c'est sur lui que se produit l'influence bonne ou mauvaise des astres.

Dans l'Inde on le nomme le *Kama*, mot sanscrit qui veut dire passion ; c'est, en effet, le corps qui permet la sensation, et, par là, les désirs, les passions et tout ce qui touche à ce domaine : c'est pourquoi, en théosophie, on l'appelle souvent le *corps des désirs*.

On l'a nommé encore : l'*âme animale*, parce qu'il est le centre d'activité de la vie des animaux ; le *corps psychique* parce qu'il est, pour l'humanité actuelle, l'instrument direct, le compagnon indispensable de l'âme (*psyché*) humaine, ou plutôt du corps mental.

La meilleure appellation serait, peut-être, celle de *corps de la sensation*.

Il interpénètre entièrement le corps physique et rayonne autour de lui formant un ovoïde lumineux qui s'étend à près d'un mètre dans tous les sens. Il est lumineux et bleuâtre ; les clairvoyants initiés disent que chaque émotion, chaque sensation, toute passion et pensée se manifestent sur ce fond lumineux comme un éclair de forme et couleur spéciales. En général, le bleu signifie la dévotion, le jaune l'intelligence, le rose l'amour, le rouge clair la colère, le rouge sombre les passions animales.

Ce corps des sensations possède des centres de vie, — des centres de force, — spéciaux. Chacun correspond à l'un des sens, et vitalise un état particulier de matière astrale ; de sorte que les sens ne sont pas limités à ces centres, mais sont manifestés par toutes les parties du corps astral : c'est ce qui explique pourquoi certains sujets voient, lisent ou entendent par les pieds. les mains, le front, ou le creux de l'estomac.

Les centres de vie du corps astral sont situés sur l'emplacement des principaux centres du système nerveux physique ; il y en a quatre le long de l'axe spinal et trois dans l'encéphale (cerveau et cervelet), — je ne parle que des principaux.

Je vous ai dit que la sensation n'est pas une propriété de la cellule nerveuse, mais de la substance astrale. C'est un fait, bien qu'il soit difficile à prouver ; la science le découvrira un jour, bientôt probablement, ou plutôt, elle ne pourra bientôt plus expliquer la sensation autrement, et de même qu'elle a été obligée d'admettre l'éther de la physique antique, par la nécessité de la logique, elle sera forcée, pour la même raison, d'avoir recours à l'hypothèse d'une substance spéciale, hyperphysique, pour la production des sensations.

L'homme qui s'est désincarné, — qui est mort, dit-on, par erreur, — vit dans le corps astral, dans le monde astral, — ce que les hindous nomment le *Kama loca* (la demeure des « corps des désirs »), les grecs le *Hadès*, les catholiques le *Purgatoire*. La vie purgatoriale dure d'autant plus que le corps astral est plus robuste et plus grossier. Ceux qui ont vécu de la vie des sens, ont vitalisé fortement le corps des passions, et ils souffrent, alors, de n'avoir pas de corps physique pour les satisfaire : c'est ce que l'on a symbolisé par le « feu » du purgatoire, par le supplice de Tantale, le rocher de Sisyphe, etc... Quand l'énergie du corps astral a suffisamment diminué pour que l'activité des centres passionnels cesse, ce corps se désagrège, — il meurt, — et l'homme, revêtu alors du troisième corps, — le corps mental, — se trouve dans le monde mental, — le ciel.

Ce troisième corps, — corps mental, — est formé d'une matière plus fine encore ; son attribut spécial c'est la pensée. Sa forme est, comme celle du corps astral, ovoïde ; son volume est d'autant plus grand que le développement mental de l'individu est plus considérable ; ses couleurs et sa luminosité très belles. Les initiés disent qu'il offre deux portions spéciales : l'une moins volumineuse qui est celle que je viens d'indiquer, et l'autre dont le volume peut, avec l'évolution, devenir extraordinaire. La première a été nommée le corps mental proprement dit; l'autre est le corps *causal*.

Le corps mental manifeste, par sa vibration, la pensée concrète, celle qui possède, pour ainsi dire, une forme ; le corps causal manifeste la pensée abstraite. Il est assez difficile de bien faire comprendre, à ceux qui ne se sont pas occupés de philosophie, la différence qui existe entre ces deux ordres de pensée. La pensée abstraite est comme un germe capable de donner naissance à un grand nombre de pensées concrètes. L'idée abstraite de beauté, par exemple, est la racine de tous les aspects concrets de la beauté, — de toutes les choses belles. On donne une forme à la pensée d'une fleur belle, mais on ne peut en assigner une à la pensée abstraite de beauté. La pensée abstraite est une chose synthétique, la pensée concrète est analytique : il n'y a qu'une beauté, il existe des millions de choses belles.

Le corps causal est le producteur de la pensée abstraite ; il est plus encore, il est le réceptacle de toutes les causes produites par l'être humain en évolution ; ces causes sont réprésentées dans la substance mentale supérieure, — celle du corps causal, — par des impressions vibratoires, de petites agglomérations de substance. Ces impressions produisent leurs effets tôt ou tard, dans une vie ou dans une autre, et c'est ainsi que l'homme recueille le fruit de tout ce qu'il a semé.

Après la vie du Purgatoire, l'homme s'éveille dans le monde mental, — dans le monde auquel correspond le corps dont il est alors revêtu : c'est le *Devachan* des bouddhistes, le *Svarga* des indous, l'*Amenti* des égyptiens, les *Champs Elysées* des grecs, le *Ciel* des chrétiens. Ce ciel dure autant que le corps mental ; celui-ci persiste d'autant plus qu'il possède des centres de vie plus actifs, et une matière plus subtile. Plus un homme, durant sa vie d'incarnation, a pensé noblement et fortement, plus il a fait de ses pensées les compagnes et les aides du cœur, plus sa vie en Paradis est longue et belle ; les pensées qu'il a données à la passion, ou aux choses de la sensation, du corps astral, restent liées à ce corps après la mort, et font partie de la vie purgatoriale. Le ciel est donc créé par la vie que l'on a menée sur le plan physique, et les religions ont raison lorsqu'elles disent que l'on y est d'autant plus heureux que les mérites sont plus grands. Mais la théosophie se sépare du christianisme quand celui-ci enseigne un paradis *éternel* ; elle dit que les états *post mortem* sont régis par la loi de justice, et que le paradis est temporaire, comme le lieu de souffrance qu'on a nommé l'enfer, parce que nul homme ne peut mériter un paradis ou un enfer éternels ; c'est un être fini, il ne peut créer une éternité de bien ou de mal.

Quand le corps mental est détruit, l'homme reste revêtu du corps causal ; il est plus ou moins conscient alors, selon son état de développement ; souvent il dort un temps, — court d'habitude, — d'un sommeil reposant ; puis la Loi divine met en activité les germes recueillis dans son corps causal, et des corps nouveaux se développent jusqu'à ce qu'il soit réincarné et une fois de plus sur la terre.

Tels sont les corps normaux pour l'homme, au stage actuel de l'évolution. Il en est d'autres qu'il développera plus tard, mais qui existent déjà à l'état embryonnaire ; je me bornerai à dire que le premier est celui qui manifeste l'amour le plus pur, le second est l'organe fondamental de la volonté ; des autres, nous ne savons rien encore.

II

La Fraternité humaine.

Il me sera facile maintenant de montrer combien la fraternité est un fait, combien tous les êtres sont frères, sont composés de la même matière animée par le même esprit ; sont tous les enfants de Dieu et ne différant entre eux que par le stage de leur évolution. Je me limiterai ici à la fraternité des hommes.

Nous avons tous le même corps physique ; il est plus ou moins développé, plus ou moins parfait, mais c'est la même chair qui nous met en rapport avec le monde physique, et cette chair forme les mêmes appareils, remplit les mêmes fonctions.

Tous nous avons un corps des sensations qui produit en nous le plaisir ou la souffrance ; et quand notre intelligence vient s'exercer sur la sensation, il en résulte ces différents éléments qu'on a nommés : le désir, la passion, l'émotion, la peur, l'attraction, la répulsion, l'amour la haine, etc...

Tous nous avons un corps mental qui nous permet d'exprimer plus ou moins d'intelligence.

Tous nous avons les rudiments de ce qui, dans l'humanité du futur, sera le dévouement, l'amour élevé, l'abnégation, le sacrifice.

Et cette fraternité est rendue plus profonde par l'étroite solidarité qui nous lie. Les émanations de nos corps forment autour de nous une atmosphère commune que nous respirons ; nous absorbons à chaque instant des millions de molécules physiques qui proviennent de nos voisins ; ce soir quand nous nous séparerons, chacun de nous possédera quelque chose de chacun des autres, et son corps en sera devenu plus pur ou plus impur. Ceci montre que notre responsabilité s'étend partout.

Ces échanges s'effectuent sur tous les plans, et parmi tous les corps. Les particules du corps astral sont, elles aussi, sujettes à ce va et vient d'absorption et d'excrétion, et sa vibration se répercute dans les corps similaires : c'est la cause de la contagion morale. L'on devient mauvais avec les méchants, et bons avec les êtres supérieurs ; les pommes gâtées contaminent les autres, dit le proverbe. Sur le plan moral, donc, se produit le même échange que sur le plan physique, et cet échange est le résultat de la même solidarité.

Il en est de même pour le corps mental. Nos vibrations intellectuelles sont répercutées par les corps mentals des hommes qui viennent à notre contact; les molécules de matière mentale rejetées vont dans l'atmosphère mentale et sont absorbées par les hommes. Et c'est à travers cette atmosphère que nous voyons, et c'est elle qui déforme toutes nos perceptions dans le sens particulier qu'elle possède : Voilà pourquoi nous préférons notre famille à celle de nos voisins; c'est la cause des préjugés nationaux, c'est pourquoi les français croient être supérieurs aux autres peuples, pourquoi les Anglais n'ont de considération que pour leur nation, et, qui sait ? peut-être les Suisses ne sont-ils pas à l'abri de cette illusion générale qui fait que chacun se préfère à son voisin ?

L'influence du mental est partout très marquée ; les campagnards se mentalisent rapidement à la ville, et surtout dans les grands centres intellectuels; il n'est pas jusqu'aux animaux qui ne subissent vivement cette influence, et ceux qui en possèdent ont pu le remarquer facilement.

Si nos corps divers sont frères, nous sommes bien plus frères encore par notre essence, par l'étincelle divine qui constitue notre « moi », notre âme, ce je ne sais quoi qui est un fragment de Dieu, si l'on peut ainsi s'exprimer.

Mais, me direz-vous, si nous sommes des frères, nous ne sommes pas égaux.

C'est vrai et c'est faux. Nous sommes inégaux parce que l'évolution est continue et que les êtres entrent dans le stage humain à des moments différents ; les derniers arrivés constituent les âmes-enfants, ces sauvages qui ignorent encore le sens moral ; les premiers venus sont aujourd'hui des sur-humains : le Bouddha, le Christ. Voilà pourquoi nous sommes inégaux. Mais l'inégalité n'est que momentanée, les âmes-enfants d'aujourd'hui seront les âmes-cadettes de demain, et monteront plus tard au stage sur-humain. Mais nous sommes égaux par essence, égaux au départ, inégaux durant la course, égaux quand le but est atteint.

Puisque nous sommes frères, puisque la solidarité la plus étroite nous unit, puisque notre moralité, notre intelligence, nos fautes et nos vertus aident ou retardent l'évolution de nos frères, quel est notre devoir ? Aider partout et toujours, aider tous les hommes, selon nos forces et nos possibilités, en nous souvenant que ce sont les plus avancés, les plus forts, les plus sages, — les aînés, — qui se doivent le plus à l'œuvre générale de solidarité. Ce sont les aînés qui doivent montrer le plus de patience, de compassion, de tolérance affectueuse, d'amour. Quand nous voyons un homme qui fait mal, quand nous nous trouvons en présence d'un criminel, au lieu de le haïr, souvenons-nous que nous sommes en présence d'un ignorant, d'une âme-enfant, et que c'est la pitié et l'amour que nous lui devons, et non la haine; pensons que, nous aussi, nous avons jadis été ignorants et criminels, et que Dieu, tout en nous redressant, est compassionné pour tous. Pensons qu'avec l'évolution, les fautes diminuent sans cesse, tandis que les qualités augmentent, et alors, au lieu de haïr nous aimerons, au lieu de frapper nous caresserons; partout nous verrons des âmes en évolution, des âmes en lutte, des âmes qui se développent, qui s'éveillent peu à peu à la lumière; partout nous serons aimants et fraternels.

III

La Loi de Réincarnation.

Qu'est-ce que la Réincarnation?

C'est le retour des âmes humaines à la terre, à de nouveaux corps.

La loi de Réincarnation est le corollaire strict de la loi d'Evolution : il ne peut y avoir d'évolution, c'est-à-dire de progrès, sans la conservation des qualités acquises. L'Evolution se montre partout, partout le progrès apparaît; les formes sont progressivement complexes, et les facultés constituent une série parallèle à celle des formes. Le minéral prend peu à peu des formes, — celles des cristaux, par exemple; quand la série des cristaux cesse, nous trouvons des formes plus complexes qui s'approchent de plus en plus de celles du règne végétal, et sur les confins des deux règnes, il devient presque impossible de savoir si telle forme appartient aux minéraux ou au végétaux. La même complexité croissante se montre dans le règne végétal : il est des plantes comme la sensiti e, la drosère, la gobe-mouches, la phytolacca qui possèdent une se sibilité très nette, des mouvements en tout comparables aux mouvements réflexes des corps organisés, et les derniers des végétaux sont presque impossibles à distinguer des premiers animaux. Même remarque, si l'on compare, au point de vue des formes et de la mentalité, les plus intelligents des singes avec les plus primitifs des sauvages.

Pour que l'un de ces règnes ait pu monter au règne immédiatement supérieur, pour que les formes végétales, par exemple, aient pu se perfectionner jusqu'au point où elles sont devenues des formes animales, il a fallu des siècles sans nombre, car le progrès est d'autant plus lent qu'il s'agit d'êtres moins avancés sur la chaîne évolutive ; il a donc fallu que les qualités de forme développées par les végétaux soient conservées dans un germe pour que le progrès ait pu se produire. Sans la conservation des qualités acquises, il n'y aurait que des « commencements » dans la Nature, des ébauches qui se répéteraient sans cesse, sans produire de progrès ; il n'y aurait dans le monde que les plus primitives des formes, jamais d'autres ; il n'y aurait ni cristaux, ni végétaux, ni animaux, ni hommes.

Si nous appliquons cette loi à l'humanité, nous verrons que, pour elle aussi, le progrès n'est possible, que si les qualités acquises se conservent et se retrouvent à chaque départ nouveau, — à chacune des renaissances. Pour qu'un sauvage ait pu devenir un être civilisé, puis un homme d'une haute culture intellectuelle et morale, il a fallu qu'il revienne un grand nombre de fois sur le champ d'expérience terrestre, et que chaque fois il garde le germe de toutes ses acquisitions préalables, à moins d'admettre une chose que nous montrerons absurde, impossible, plus loin, à moins d'admettre que Dieu a créé le monde d'un coup de baguette, tel que nous le voyons, et qu'il restera tel jusqu'à ce qu'un nouveau coup de baguette vienne le détruire tout aussi brusquement.

La science admet la conservation des qualités, et elle en fait la condition *sine qua non* du progrès ; elle admet que, par le germe, un individu revient sans cesse à la terre et évolue : c'est, en somme, la loi de réincarnation. La seule différence entre l'enseignement scientifique et celui de la théosophie est celle-ci : la science ne tient nul compte de l'individualité, elle nie qu'un corps subtil persiste après la désagrégation physique ; pour elle les qualités sont le fruit de la matière, elles naissent et meurent avec la matière ; la théosophie admet un corps subtil, elle en fait la condition de l'individualité, elle ne regarde le corps visible que comme un instrument, elle n'accorde au germe physique que la faculté de reproduction de la matière physique, et enseigne que lorsque le corps grossier meurt, les facultés *humaines* sont conservées, avec l'individu, dans le corps causal.

L'étude de l'hérédité nous montre que la théorie théosophique seule rend compte des faits. En effet, si les germes paternel et maternel réunis étaient les seuls facteurs de l'hérédité, un homme ne devrait et ne pourrait avoir que la somme des qualités de son père et de sa mère. Au contraire, cette somme n'existe jamais ; c'est toujours plus ou moins que l'on rencontre ; il y a souvent des écarts énormes : le génie n'est pas héréditaire ; l'on a même constaté que les fils des grands hommes sont généralement des médiocrités.

Le germe physique ne donne que des qualités matérielles, les

2

facultés les plus élevées viennent on ne sait d'où ; pourquoi ne pas accepter, ne fût-ce qu'à titre d'hypothèse momentanée, l'enseignement théosophique qui nous montre l'homme comme un être indépendant du corps visible, un être persistant dans le corps causal, et revenant aux incarnations muni de toutes les acquisitions de ses vies précédentes, se présentant ordinaire ou grand, noble ou mesquin, selon le stage de son avancement ?

Mais la théosophie n'a pas inventé la doctrine des renaissances. Toutes les grandes religions l'enseignent, et si elle n'est conservée que d'une façon vague dans le christianisme, c'est que les évangiles dits canoniques ne sont qu'un fragment sans importance du christianisme, et qu'ils sont incomplets ; on la trouve très nettement dans d'autres textes chrétiens, plus ou moins rejetés par l'Eglise, dans la *Pistis Sophia* en particulier.

Tous les grands philosophes antiques et modernes l'ont reconnue et acceptée, et il me serait facile de vous donner des citations frappantes à ce sujet, si le temps me le permettait.

Vous me direz que les preuves scientifiques de la réincarnation ne sont pas à la portée de toutes les intelligences, et qu'il n'est pas possible à tous de compulser les ouvrages des philosophes qui en traitent. C'est vrai ; mais chacun, du moins, peut en comprendre la nécessité impérieuse ; elle est à la portée de tous, du plus humble au plus grand, de l'enfant au génie en plein développement. Nul ne peut ignorer que la rejeter, c'est nier Dieu ou faire de lui un monstre. En effet, si Dieu est juste, comment expliquer, je ne dirai pas la souffrance, mais l'*inégalité* de la souffrance. On parle du péché originel, comme cause des maux de l'humanité ; je sais que les règlements de l'*Aula* n'autorisent pas à parler religion ; je les respecterai ; mais ne pourrais-je point demander, tout au moins, s'il est juste que des milliers d'êtres qui n'ont pas commis ce péché, en souffrent ? La justice humaine punit-elle les descendants des criminels ? Et de plus, d'où vient l'inégalité si grande de la répartition de cette souffrance, puisque le péché est le même pour tous ? Ce péché n'explique et ne justifie rien. Il n'est d'ailleurs qu'un mythe, une allégorie profonde que la théosophie dévoile et remet à sa place.

L'on a dit aussi que les hommes souffrent de leurs erreurs, expient leurs péchés : c'est juste, mais c'est surtout des erreurs de leurs vies passées qu'ils souffrent. Comment un sourd-muet de naissance pourrait-il payer une dette contractée dans sa vie présente ? L'on me dira que son infirmité tient à une maladie survenue durant la gestation ; mais puisque c'est la force et l'intelligence de la Nature, c'est-à-dire de Dieu, qui opèrent le développement du germe, c'est que Dieu a été capricieux, injuste ou impuissant ? L'artout l'on se bute à des absurdités, si l'on refuse les renaissances.

Il ne peut y avoir d'injustice dans l'Univers parce que le monde est un produit de Dieu, est guidé par Dieu, est animé par Dieu. L'inégalité de la souffrance et des conditions provient de l'inégalité des stages de développement des hommes, de l'inégalité des mérites et démérites accumulés dans la suite des vies terrestres.

IV

La Loi de causalité.

Je passerai maintenant au dernier point : la loi de causalité, le *Karma* des indous.

Il est difficile de traduire ce mot sanscrit. Il veut dire : *action*. Or, l'action contient sa réaction, la cause contient son effet. Le *Karma* est beaucoup plus que la loi de causalité ; c'est aussi la loi qui permet la manifestation de la liberté humaine sans que l'équilibre de l'Univers en soit troublé.

Le monde est bâti par l'action de deux forces opposées. Pourquoi opposées ? Parce que pour *manifester* quelque chose, il faut un « contraire » ; pour produire de la force, il faut s'appuyer sur une résistance ; pour faire un tableau, il faut des couleurs variées ; il n'est rien dans l'Univers qui ne repose sur son opposé : il y a le jour et la nuit, l'amour et la haine, le bien et le mal, la liberté et la fatalité, l'attraction et la répulsion, etc...

Tous ces opposés se synthétisent en deux forces contraires primordiales qui se font équilibre ; ils naissent de ces deux forces universelles, impersonnelles qui sont à la racine de tout. Ces deux opposés ont été symbolisés dans toutes les religions : c'était Osiris (Dieu) et Typhon, (le serpent infernal), en Egypte ; Ormuz (Dieu) et Ahriman (le démon), en Chaldée ; le Logos et l'Adversaire, chez les gnostiques ; Dieu et le diable chez les chrétiens. Le symbolisme franc-maçonnique en a fait Jakin et Boaz, les deux colonnes qui soutiennent le temple de Salomon (l'Univers).

Ces opposés rendent possible la « création » de l'Univers, réalisent cet Univers ; Dieu les dirige et produit ainsi la Loi du monde, c'est-à-dire, l'Evolution, le Bien. L'on ne peut donc dire que l'une de ces forces soit le Bien et l'autre le Mal ; toutes deux sont indispensables, — également bonnes, par conséquent. Mais quand les êtres sont arrivés au stage de l'intelligence et de la Volonté, au stage de la liberté, ils emploient ces forces, et, par ignorance ou par volonté, vont avec ou contre l'Evolution. Quand ils vont avec l'Evolution, avec la Loi divine, leur force se double de celle de Dieu, la loi les aide et couronne leurs efforts : c'est le Bien. Quand ils vont contre l'Evolution, la loi s'oppose à eux et les emporte malgré eux, comme le courant d'un fleuve emporte bientôt le nageur qui veut lutter avec lui : c'est le Mal.

Le Bien est donc ce qui aide l'évolution, le Mal, ce qui va contre elle. Le mal naît avec l'homme ; au-dessous de lui (1), les êtres sont plus ou moins inconscients et sont dirigés par la Loi ; au-dessus de lui, les êtres ont acquis la sagesse et se sont associés avec la Loi ; le bien est exigé en bas, offert en haut : le mal n'a pas de place.

Il n'arrive qu'avec l'homme ; Dieu le permet pour que l'homme apprenne la Loi, pour que sa liberté s'exerce, augmente et grandisse ; mais il ne laisse souffrir personne de l'ignorance ou de la méchanceté humaines. Il supporte lui-même toutes les forces de mal : c'est une partie du Sacrifice divin, du sacrifice expiatoire. Il est pourtant des forces de mal qu'il ne supporte point, parce que ce serait un sacrifice inutile, ce sont celles qu'il peut utiliser dans la direction du monde. Par exemple, lorsque sa justice a condamné un être, lorsque la vie d'un homme est exigée par la Loi du *Karma*, cette vie doit être supprimée, et Dieu la prend. Il la prend par un moyen quelconque : par l'eau, par la foudre, par un désordre organique subit, par la férocité d'un animal, par l'impulsion sanguinaire d'un humain qui se trouve sur le chemin de la victime. Dans ce cas, au lieu de frapper lui-même, Dieu laisse le criminel accomplir l'œuvre : et celui-ci en porte toute la responsabilité (Dieu ne l'a point poussé), car il a agi en pleine liberté.

Mais, je le répète, nul innocent ne doit craindre, Dieu veille, il est dans le meurtrier comme dans la victime, il est même dans le poignard, c'est sa force qui tient agrégées les molécules de l'acier ; et il peut dévier la main du criminel, ou faire bouclier à la victime, ou briser la lame qui va tuer. Le Christ a dit que tous les cheveux de notre tête sont comptés et que rien n'arrive sans la permission divine. Profonde parole, parole de vérité que la théosophie explique clairement.

Mais le *Karma* n'est point la Fatalité : il a été créé, il peut être détruit. Nous n'avons qu'à nous mettre à l'œuvre, nous pouvons préparer l'avenir, nous pouvons changer la résultante de nos actions passées. Il n'est que certains résultats qui sont fatals : en

---

(1) Les animaux supérieurs ont commencé à développer une certaine responsabilité, car leur intelligence et leur volonté sont en développement.

voici la raison. Quand un homme, sous l'impulsion de la haine, de la colère, ou de tout autre sentiment, a créé, je suppose, une pensée de meurtre, cette pensée est une *force* qui pousse vers le meurtre; si cette homme renouvelle cette pensée un très grand nombre de fois, l'énergie mauvaise augmente jusqu'au moment où *sa force fait équilibre à la volonté de celui qui l'a créée*. A ce moment, l'homme cesse d'être libre vis-à-vis de cette pensée; les deux plateaux de la balance se font équilibre, et si l'occasion s'offre pour qu'une nouvelle impulsion vers le meurtre se produise, le plateau du crime s'incline : l'homme frappe sans que la réflexion ou la volonté puissent intervenir. Il frappe comme un automate ; l'heure de la liberté est passée, celle de la fatalité a sonné.

Quand l'explosion s'est produite, cet homme est plongé dans la stupeur en revenant à lui ; il se demande comment le crime a pu se produire. Voilà un cas où le *Karma* est devenu la fatalité; c'est une fatalité créée tout entière par la volonté humaine : on ne recueille que ce qu'on sème.

Mais il n'y a de fatals que ces actes impulsifs accomplis automatiquement; chaque fois que l'homme a le temps de réfléchir, chaque fois qu'il pense à ce qu'il va faire, il peut résister, il lui reste suffisamment de volonté pour exercer sa liberté : s'il cède, c'est un nouvel élément d'aggravation qu'il ajoute à sa responsabilité.

Un dernier aspect de la Loi du Karma à considérer, et j'ai fini.

Toutes les causes créées au cours d'une incarnation ne fructifient pas aussitôt, mais elles s'impriment dans le corps causal et s'y conservent quand l'homme se désincarne. Lorsqu'il retourne à la terre, dans une nouvelle incarnation, un certain nombre de ces causes trouvent une occasion pour fructifier, d'autres ne rencontrant pas le terrain nécessaire, attendent que, dans des incarnations futures, ce terrain se présente. Mais toutes produisent leur effet, tôt ou tard : l'homme naît escorté par tout son passé, il naît heureux ou malheureux, intelligent ou borné, selon les actions de ses vies antérieures ; et c'est là l'un des aspects du péché d'origine : c'est le bilan des vies écoulées qu'il rapporte à chaque naissance nouvelle.

Voici ma conclusion.

Quand les hommes sauront qu'ils sont frères, qu'ils sont solidaires, qu'ils montent ou descendent ensemble ; quand ils sauront qu'ils créent leur destinée, que l'inégalité de leurs conditions vient de l'inégalité des âges de leurs âmes et qu'un But unique les attend tous; quand ils sauront qu'ils reviennent sans cesse à la vie terrestre pour progresser et que la destinée est, pour eux, bonne ou mauvaise selon qu'ils ont bien ou mal agi; quand ils sauront qu'une Loi juste et aimante les guide, que la souffrance est le

grand instructeur, que si l'on subit le passé l'on est maître de
l'avenir, alors une lumière nouvelle illuminera l'esprit, une chaleur
plus divine réchauffera le cœur, chacun, portera vaillamment sa
croix sans regarder si celle de son voisin est plus légère ; les
peuples sentiront qu'ils sont frères, la haine et le combat auront
vécu, et c'est vraiment l'aurore d'un nouvel âge d'or qui se lèvera
sur l'humanité.

DEUXIÈME CONFÉRENCE

LES RAPPORTS DE LA THÉOSOPHIE AVEC LA SCIENCE.
LES PHILOSOPHIES ET LES RELIGIONS (¹)

Avant de commencer, Mesdames, Messieurs, je désire dire quelques mots sur un point de ma conférence de mercredi.

J'ai eu l'occasion de citer des faits appartenant à l'hypnotisme ; je vous ai dit, entre autres choses, que l'on a vu des fous qui, pendant le somnambulisme provoqué, avaient cessé de l'être ; ce que je n'ai pas ajouté, c'est que leur folie était retournée avec la disparition de l'état hypnotique. Je crains d'avoir, involontairement, fait croire que l'hypnotisme peut guérir la folie, et qu'il est une excellente méthode thérapeutique ; je tiens, au contraire, à affirmer que, personnellement, je le considère comme très dangereux ; il peut, dans certains cas, faire du bien, mais, d'ordinaire, il fait un mal considérable, et j'ai cessé de le pratiquer depuis que j'en ai compris les inconvénients, — depuis 15 années environ.

Je passe maintenant à l'exposé que j'ai à vous présenter ce soir : je traiterai des rapports de la théosophie avec la science, avec les philosophies et avec les Religions. C'est un sujet immense, qui, comme celui de mercredi soir, devra être parcouru en grande hâte, et qui ne pourra vous impressionner beaucoup, par conséquent. Mais je ferai de mon mieux.

I

Rapports de la Théosophie avec la Science.

Un certain nombre d'auditeurs s'étonneront peut-être de ce titre,

(1) Cette conférence a dû être si écourtée faute de temps, à l'*Aula*, dans ses deuxième et troisième parties, que nous croyons utile de la compléter ici.

persuadés que la Théosophie, si elle peut avoir des rapports avec les philosophies et avec les religions, ne peut guère avoir à s'occuper de science.

Eh bien ! détrompez-vous. Si la Théosophie répand surtout des enseignements moraux et religieux, c'est parce qu'elle sait que la morale et la religion sont ce qui manque le plus au monde actuel, et que le bonheur des hommes, le salut des peuples est là. Mais, je vous l'ai dit dans ma définition, la Théosophie c'est la science de la Vie ; la Vie est dans tout ce qui existe ; elle se manifeste par la vie des formes, la vie mentale, la vie divine. L'étude des formes, — que ces formes appartiennent au monde visible ou aux mondes invisibles aux yeux de chair, — c'est ce qu'on nomme aujourd'hui la science ; l'étude de la mentalité, c'est la philosophie ; l'étude des âmes et de Dieu qui est leur racine, — l'étude de la divinité, — c'est la religion. La Théosophie étant la science de la Vie universelle, ne peut rester étrangère à la science des formes, et, par conséquent, à la science.

Ceci vous paraîtra néanmoins prétentieux, et vous vous direz : comment des enseignements scientifiques peuvent-ils sortir de la bouche ou des livres d'hommes qui sont inconnus à la science officielle ? Vous vous demanderez aussi, et non sans raison : quels sont ces hommes, comment peuvent-ils savoir, quelle preuve avons-nous de leur science, de leur autorité ?

Je répondrai. Que vous importe ? La Vérité s'impose-t-elle par elle-même, ou par l'autorité de celui qui la représente ? L'homme doit-il croire sur parole ou par raison ? Ce que j'ai à vous dire ce soir au sujet d'un point particulier de la science, je ne vous le donnerai que comme une théorie ; examinez-la ; si elle vous paraît fausse, vous la rejetterez ; vous ne l'accepterez que si elle satisfait votre raison et votre cœur.

La science officielle ne sait pas tout, — je puis le dire sans lui faire injure, — elle marche sans cesse ; elle nous offre un merveilleux exemple de sagesse, de patience et de persévérance ; elle va pas à pas, assurant sans cesse sa marche, reculant quand elle s'est trompée et reprenant sa route dans une autre direction, suivant toujours une méthode positive qui la guide sûrement et la fera certainement entrer au port un jour. J'ai le plus grand respect, la plus grande admiration pour la science, mais je sais qu'elle n'est pas arrivée au sommet de ses découvertes ; je sais aussi que son domaine est limité : c'est le domaine des *sens*. Elle ne peut pénétrer là où l'œil physique ne voit plus, où les balances et les réactifs ne pénètrent point. La Théosophie au contraire, en même temps qu'elle encourage la science, apprend à développer les sens subtils, les sens des corps invisibles, et quand ces sens sont développés,

l'homme peut étudier les mondes supérieurs, devenus alors visibles,
et en conquérir la science. La Théosophie enseigne et prouve que
ce développement des sens internes est possible, mais la preuve en
est toujours une preuve personnelle ; celui qui la possède ne peut
la faire partager à ses voisins. Nous sommes au milieu de toutes
les vibrations de l'Univers, mais nous ne sentons que celles aux-
quelles nous pouvons répondre ; les autres n'existent point, pour
nous, tant que nous n'avons pas développé les sens qui leur correspondent. La Vérité est un océan immense ; les hommes sont comme
des récipients plongés dans cet océan ; ils ne contiennent de la
Vérité que le volume de leur vase ; mais le vase grandit sans cesse,
et l'homme peut ainsi recevoir, connaître, un fragment de vérité
de plus en plus grand.

Si je vous disais : la Théosophie enseigne que les corps s'attirent
et se repoussent dans telle et telle condition, la terre tourne autour
du soleil, ou des choses analogues, vous me répondriez : mais la
théosophie n'a rien inventé, nous savons cela depuis longtemps,
et vous auriez raison.

Je choisirai donc comme rapport entre la théosophie et la
science, ce soir, un point sur lequel la science a construit de nom-
breuses hypothèses, sans avoir pu le résoudre encore : la question
de la force-matière et des atomes. C'est un point important, inconnu
encore, mais qui, je crois, est à la veille d'être découvert en partie ;
notez donc ce que je vais vous en exposer, et quand la science en aura
trouvé elle-même ce qu'elle peut en trouver, vous pourrez avoir
la preuve que la théosophie connaissait déjà le point en question.

Le problème de la force-matière a été connu de tous temps par
les Initiés ; il était enseigné, dans les temples antiques, à ceux qui
pouvaient le comprendre ; dans l'antiquité les plus grands savants,
les plus grands philosophes, les plus grands saints étaient des
prêtres ; la science d'alors était la sœur de la religion, comme le
sera la science de demain. Ces enseignements étaient enveloppés
dans des symboles, et ces symboles étaient livrés à tous ; le problème
de la force-matière et de la création était contenu dans le mythe de
Bacchus (1) : Bacchus jouant aux dés, surpris par le Titan qui le
met en pièces. Je réserve la pleine explication de ce symbole pour
la troisième partie de mon exposé, — les rapports de la théosophie
avec les religions, — je n'en toucherai maintenant que le côté pure-
ment scientifique.

(1) Il est aussi représenté dans d'autres mythes et sous d'autres symboles, selon la forme de religion qu'on étudie. Nous avons choisi le
mythe bacchique, parce qu'il s'applique mieux à notre exposé que bien
d'autres.

La Théosophie, telle que je l'ai comprise, donne sur la force-matière, sur les atomes et les milieux qu'ils forment dans l'Univers, les enseignements suivants.

Qu'est-ce que l'atome ? C'est une énergie vibratoire enveloppée de matière.

L'énergie a sa source dans le Mouvement universel, le *Verbe*, le son, c'est-à-dire, la vibration du Logos, la *Force de Dieu*.

La matière, ou plutôt les formes produites par l'énergie divine ont leur source dans ce que l'on a nommé la substance primordiale, non différenciée, la *Mulaprakriti* (Racine de la matière) des indous, *ce qui, en s'opposant à l'Énergie, permet la manifestation de la force :* l'opposé de la force, en réalité, — ce qu'on pourrait appeler la force négative.

L'atome primitif est sphérique et creux ; la force creuse des trous dans *la* matière non différenciée, homogène, et en même temps comprime la substance refoulée sur la périphérie de la sphère ainsi formée : la force remplit son vide, la matière comprimée constitue son enveloppe.

Cet atome, sous la direction de l'Intelligence cosmique, — le Démiurge antique, — réalise des combinaisons multiples basées sur sept combinaisons fondamentales. Autrement dit, l'atome primitif, en s'associant à d'autres atomes de son espèce, forme six atomes secondaires, progressivement complexes ; et de l'association de ces 7 atomes naissent les formes diverses de ce premier monde : tel est le premier milieu, le premier plan de l'Univers, le premier monde.

L'Intelligence cosmique forme ensuite l'atome primordial du deuxième monde, en agrégeant autour de l'atome primitif du premier monde, un certain nombre d'atomes secondaires (les derniers, les plus complexes) de ce même monde. Si nous représentons l'atome primitif du premier monde par un cercle ◯, l'atome primordial du second monde sera un cercle entouré d'un deuxième cercle. Cet atome, en se combinant avec ses semblables, forme, comme précédemment, 6 atomes secondaires ; et des associations variées des 7 atomes de ce deuxième monde, résultent toutes les formes des êtres qui s'y trouvent : c'est le deuxième plan, le deuxième monde.

La formation des mondes suivants se fait de la même manière ; par la construction initiale d'un atome fondamental, ou plutôt d'un véritable océan d'atomes primordiaux, d'où sont tirées six mers d'atomes secondaires, et toutes les formes (êtres) de ces mondes. Et l'on a ainsi, successivement, 7 atomes primordiaux et 7 mondes. Chaque atome primordial est, comme nous l'avons dit pour le deuxième, formé de l'atome primordial du monde précédent revêtu d'une couche composée d'atomes secondaires du sixième degré de ce monde (du degré le plus grossier). Cela donne donc une enveloppe à l'atome primordial du deuxième monde, deux enveloppes à celui du troisième monde, et finalement six enveloppes à celui du septième monde, le nôtre, le monde visible, le monde physique.

Je ferai remarquer, avant de continuer, que le septième atome primordial, l'atome du monde physique, contient donc les atomes de tous les mondes, et comme toutes les facultés sont constituées par des vibrations atomiques, le corps physique pleinement évolué est capable de vibrer sous l'impulsion de tous les mondes, est capable de répéter les vibrations de tous ces mondes. Quand les atomes ou les séries d'atomes des organes cérébraux seront tous mis *en activité* par l'évolution, l'homme, alors perfectionné, sera en rapport avec tous les mondes; et ce que l'évolution réalise peu à peu, un entraînement spécial peut l'opérer rapidement; c'est pourquoi l'homme comprendra un jour l'Univers tout entier; c'est pourquoi certains hommes que nous appelons les grands Initiés, les Maîtres, peuvent déjà voir, étudier et connaître les mondes encore invisibles à la majorité des hommes.

Mais, me direz-vous, pourquoi ce chiffre 7? Pourquoi 7 atomes primordiaux dans l'Univers? pourquoi 7 atomes dans chaque monde? pourquoi 7 mondes? Je ne puis, par des arguments empruntés à ce que nous connaissons des lois de la Nature, vous donner la preuve certaine de ce que j'avance; mais je ne doute pas que la science n'arrive à trouver, par de nouvelles découvertes, que le septénaire est réellement la loi cyclique des opérations de la nature, dans notre Univers.

Bien des faits montrent déjà cette sériation septénaire. Quand nous faisons traverser un prisme par la lumière, elle se manifeste par les 7 couleurs spectrales; le son comprend aussi sept notes fondamentales. Les groupements des éléments chimiques se font de la même façon : c'est ce qu'ont reconnu Hellenbach et Mendelejef, parmi bien d'autres. Voici quelques lignes d'Hellenbach, prises à son livre la *Magie du nombre* :

« La loi sur laquelle repose notre connaissance des phénomènes, permet d'établir que les vibrations du son et de la lumière augmentent régulièrement de nombre, qu'elles se groupent en 7 colonnes, et que les éléments successifs de chacune de ces colonnes sont si étroitement alliés que cette relation s'exprime non seulement par des chiffres, mais que la pratique la confirme en chimie et en musique..... Le fait que ces variations et cette périodicité sont gouvernées par le nombre 7, est indéniable; il n'est pas le fruit du hasard; il a une cause, et nous devons la trouver. »

Mendelejef en inscrivant, par ordre de poids atomiques, les éléments chimiques sur une colonne horizontale, a trouvé, à son tour, que les éléments septénaires, c'est-à-dire ceux représentés par les numéros d'ordre 1, 15, 22, 29, etc., ont des propriétés semblables, — le lithium (1), le sodium (15) et le potassium (22) par exemple, — et il a déduit de ses observations ce qu'il appelle la *Loi de fonction périodique*. Il a été ainsi capable de prédire les propriétés et caractères d'un élément avant sa découverte : de dire, par exemple, tel élément inconnu actuellement et occupant tel numéro de telle série, aura telles propriétés, et sera un membre de telle famille d'éléments connus.

— La table d'*Hellenbach* permet d'arriver aux mêmes conclusions.

— Le Dr Laycock a trouvé la même loi de périodicité septénaire dans les phénomènes physiologiques des organismes animaux et humains (*Lancet*, 1842. *Periodicity of vital phenomena*). Voici ses conclusions :

« Je ne puis arriver à une autre conclusion que celle-ci : c'est que, chez les animaux, les changements physiologiques se produisent tous les 3 1/2, 7, 14, 21, 28 jours, ou après un nombre défini de cycles septénaires. »

Je pourrais compléter ces citations, et vous en présenter un grand nombre d'autres si le temps me le permettait, mais je dois me hâter et passer à un autre côté du sujet.

*
* *

Je vais essayer de vous exposer quelques considérations générales sur la force et la matière, sur les modifications fondamentales que la force subit à mesure qu'elle s'incarne dans des atomes plus complexes, à mesure qu'elle descend de plan en plan, de monde en monde, jusqu'à notre monde de matière physique où elle est, à un moment donné, complètement équilibrée dans le règne minéral, — le règne du repos des corps (1).

Dans le premier atome, — celui qui fait la racine de tous les autres, — la force peut s'échapper par tous les points de l'enveloppe de sa sphère : elle est presque libre.

Dans le deuxième atome, — la force ne peut s'échapper que par

(1) Mais non des atomes qui conservent tous leurs mouvements.

les sommets des arêtes d'un icosaèdre idéal qui circonscrirait l'agrégat d'atomes primitifs qui constitue le deuxième atome : la force est moins libre ici que précédemment.

Dans le troisième atome, — l'atome primordial du troisième monde, — la force ne peut s'échapper que par les sommets des arêtes d'un dodécaèdre idéal qui circonscrirait l'agrégat constituant ce troisième atome : la force se limite toujours plus.

Dans le quatrième atome, la force ne s'échappe plus que par les sommets des arêtes d'un octoèdre circonscrit.

Dans le cinquième atome, la force s'échappe seulement par les sommets des arêtes d'un cube circonscrit.

Dans le sixième atome, elle se centre davantage encore, et ses seuls points d'échappement sont les sommets des arêtes d'un tétraèdre circonscrit.

Dans le septième atome, enfin, — celui qui est à la base du monde physique, — la centration est complète; la force tourbillonne le long des parois atomiques, autour de ses spires et spirilles, mais ne sort que par un point, — ce qu'on peut considérer comme la pointe de l'atome. Nous allons décrire ce dernier dans un instant.

Je vous prierai de remarquer les figures idéales formées dans les divers atomes par les points d'échappement de la force en eux. Nous avons, en bas, dans l'atome physique, le point ; en haut, dans l'atome primitif, la sphère ; et entre ces deux extrêmes, les cinq polyèdres réguliers, les « solides platoniques » des anciens.

Dans les mystères bacchiques, ces cinq solides étaient appelés es « dés » de Bacchus ; ils *symbolisaient* les atomes des cinq mondes intermédiaires ; et Bacchus jouant aux dés, c'est le Logos, le Démiurge, Dieu, créant l'Univers au moyen des combinaisons selon lesquelles il agrège les atomes (les « dés »). Je traiterai plus complètement ce point dans la dernière partie de mon sujet, et j'espère vous montrer alors ce que je vous ai dit tantôt : que dans les temples antiques, les prêtres initiés enseignaient l'esprit aux élus, à ceux qui pouvaient comprendre, et, pour la foule ignorante, cachaient la vérité sous le voile de l'allégorie, du symbole, du mythe.

.'.

Quelques considérations maintenant sur les *formes* atomiques.

Les atomes supérieurs, ceux des mondes au-dessus du monde physique, ne sont à la portée que des hommes qui ont développé le sens des corps subtils qui correspondent à ces divers mondes.

Ainsi, le monde physique n'est que partiellement connu, parce que le développement des sens du corps physique est incomplet ; quand ces sens seront pleinement développés, ils pénétreront les couches encore invisibles de notre monde, et l'air, les gaz, les éthers, deviendront visibles et perceptibles.

Ceux qui ont développé les sens du corps dit « astral », sont capables de voir le monde astral, et ainsi de suite pour les autres mondes. Seuls, par conséquent, ceux qui ont subi l'entraînement particulier qui développe les sens supérieurs, sont capables de connaître les mondes supérieurs, capables de connaître les atomes de la matière de ces mondes. Et l'on n'enseigne la connaissance de ces atomes qu'à ceux qui peuvent les voir et les comprendre, — ce qui n'est pas mon cas.

Il serait, d'ailleurs, impossible d'exprimer par des mots empruntés à la science du monde visible, les phénomènes des mondes subtils. Ces mots n'existent pas ; l'homme ne les a pas créés, parce qu'il ignore les phénomènes supérieurs. Il est, sur les mondes hyper-physiques, des modes de voir, de sentir et de toucher si différents des modes auxquels nos sens physiques nous ont habitués, qu'il est impossible de les concevoir avant de les avoir éprouvés. Ainsi, quand le professeur Zöllner, de l'Université de Leipsick, s'est trouvé en présence des phénomènes de sortie d'objets de boîtes scellées, il n'a pu comprendre qu'en imaginant ce qu'il a nommé une quatrième dimension de l'espace (1) ; c'est, à bien des points de vue, une mauvaise appellation, mais nous pouvons la conserver en attendant d'en avoir une meilleure. Elle indique la possibilité de voir la matière d'une façon plus complète : la quatrième dimension permettrait de voir l'*intérieur* de la matière, et je vous ai dit mercredi que les rayons Roentgen et la clairvoyance de certains hommes prouvent que la chose est possible. Nous pourrions donc dire que chaque monde possède une dimension de plus, à mesure qu'il est composé d'un type atomique plus subtil : le monde physique a trois dimensions, le monde astral en aurait quatre, le monde mental cinq, et ainsi de suite.

Je ne puis donc rien dire des formes atomiques supérieures. Mais j'essayerai d'esquisser l'atome physique primordial. Cet atome a la forme d'un sphéroïde : il est formé par l'enroulement d'un certain nombre de spires ; ces spires sont composées elle-mêmes de spirilles, et ainsi de suite, comme le montrent les projections. La force entre par la dépression que vous voyez à la base du sphéroïde, elle parcourt toutes les spires et spirilles, et finalement sort par ce qui constitue la pointe de l'atome ; elle s'échappe par un *point*,

(1) ZOLLNER. — *Physique transcendantale.*

comme le disait l'enseignement des Mystères. La « toupie » en était le symbole, dans ces mêmes Mystères, parce que l'atome tourne rapidement sur son axe ; j'ajoute qu'il tourne, aussi, autour du centre du composé spécial auquel il appartient : ce composé représente un système planétaire en miniature.

Telles sont les notions rapides que je puis vous exposer sur la conception théosophique de la force-matière et des atomes. Je sais que des âges s'écouleront avant qu'il soit possible d'en donner la preuve expérimentale tout entière, mais je sais aussi que la science marche, et que le jour n'est pas éloigné où ses découvertes viendront corroborer d'abord, et prouver ensuite, l'enseignement que j'ai essayé d'esquisser devant vous. Déjà l'on a trouvé une relation précise entre les longueurs d'onde des couleurs et les formes géométriques. Voici ce que le chimiste français Duguet vient de faire connaître à ce sujet.

« L'examen microscopique de photographies prises dans certaines conditions, permet d'établir une relation exacte entre la longueur d'onde et la forme moléculaire.

« D'autre part, chaque longueur d'onde correspondant à une valeur ou couleur, engendre une forme moléculaire géométriquement différente.

« C'est ainsi que les formes moléculaires géométriques du bleu, du jaune, du rouge sont toujours semblables à elles-mêmes, ce qui permet de reconnaître aisément la forme géométrique qui correspond au plein bleu, au jaune ou au rouge spectral (1).

Or, qu'est-ce qu'une longueur d'onde ?

Une forme spéciale de vibration d'un composé atomique. Cette vibration est enregistrée par les plaques comme forme géométrique. Qu'y a-t-il donc d'impossible à ce que la vibration des groupes atomiques qui forment les racines des divers états de matière de notre univers, puisse être symbolisée par des figures géométriques ?

D'autres découvertes confirmeront peu à peu les détails de l'enseignement théosophique, — en particulier ceux sur l'atome primordial du monde physique.

II

Rapports de la théosophie avec les philosophies.

La philosophie c'est l'étude de la mentalité (des forces mentales),

(1) Tiré du *Journal* de novembre 1900, et reproduit par un assez grand nombre d'autres journaux.

comme la science est l'étude des formes (des forces physiques),
comme la religion est l'étude des âmes (des forces spirituelles).

Nous traiterons quatre points principaux de l'enseignement
philosophique ; nous verrons, ensuite, comment les divers systèmes
les interprètent, et je m'efforcerai de vous montrer qu'ici encore,
la théosophie éclaire pour unir.

Ces points sont : Dieu, l'Univers, l'homme, la loi morale.

*
* *

La théosophie distingue Dieu sous ses aspects d'Absolu et de
manifesté.

Le Dieu absolu, c'est l'Infini, le Parfait, l'Inconnu, l'Etre pur,
l'Etre en soi, cè qui dépasse l'intelligence, ce que les plus grands
philosophes n'ont pu définir que par des *négations* : Dieu, eu effet,
n'est pas l'être que nous connaissons, la vie que nous comprenons,
c'est l'Etre vrai, dont l'Univers n'est qu'un « aspect », un point sans
importance, l'Etre que nous ne pouvons concevoir, qui est si différent de l'être fini qu'on l'a défini le *Non-être* ; c'est la Conscience
absolue, laquelle est si loin de notre conscience limitée qu'on l'a
définie l'*Inconscience* ; c'est le Mouvement *per se*, si différent du
mouvement visible, fini, qu'on l'a nommé l'*Immuable*.

De ce Dieu absolu, nous ne connaissons rien pour le moment,
si ce n'est un vague pressentiment de ce qu'il peut être, transmis à
la conscience pendant ses moments de méditation les plus élevés.

Mais cet Etre qui est tout, qui contient tout, — ce que nous connaissons et tout ce que nous ne connaissons pas, — qui contient
notre Univers actuel comme tous les univers passés et futurs, cet
Etre inconnu auquel les grecs avaient élevé des autels, se manifeste pour se multiplier, pour créer des âmes « à son image et à sa
ressemblance », dit l'Ancien Testament.

En voulant se manifester, il se montre d'abord à notre vision
finie comme un *centre* dans l'Infini ; c'est l'Infini qui se limite, qui
devient un « moi » fini, le « point » des pythagoriciens, la Monade
suprême ; c'est le germe de l'Univers qui va se montrer, Dieu le
Père des chrétiens, le Logos non manifesté des platoniciens.

La création commence par le point dans le cercle (le zéro) ; l'*un*
qui se manifeste par le 2 : les deux opposés dont j'ai parlé mercredi soir, au sujet de la loi de Causalité (*Karma*), les « contraires »
sans lesquels rien ne peut se manifester, sans lesquels aucun univers
ne peut être créé.

L'« un » et le « deux » font le « trois »,. la Trinité, le Dieu en
trois personnes des chrétiens, le triangle de Pythagore.

De la Trinité, — le prisme divin, — émanent sept chiffres, - la philosophie pythagoricienne exprimait ces hautes abstractions sur la Divinité par des nombres, — les 7 Esprits de la Présence, et de ceux-ci tous les autres groupes septénaires de la Grande Hiérarchie d'êtres qui va de Dieu à l'homme, de l'homme au plus simple des atomes.

Voilà, en quelques mots, le résumé de l'enseignement théosophique sur Dieu.

Vous allez maintenant comprendre combien il lui est facile de réconcilier les systèmes divers établis par ceux qui ont spéculé sur la Divinité : les athées, les monothéistes, les panthéistes, les polythéistes.

Il y a deux sortes d'athées : l'athée ignorant et l'athée philosophe. Le premier croit constater que Dieu ne répond pas à ses prières, qu'il ne donne aucun signe de bonté, qu'il n'empêche pas le feu du brûler un imprudent ou même un innocent, — un enfant au berceau, par exemple, — qu'il laisse les éléments engloutir un vaisseau, dévaster les terres, porter partout la ruine. Il se dit : s'il y avait un Dieu, ces horreurs n'existeraient pas.

L'athée philosophe, lui, raisonne autrement, il dit : Dieu étant infini, n'est pas ce Dieu que m'enseignent les églises, ce Dieu qui, commes les hommes, récompense ou punit, pense et agit. Je nie ce Dieu qu'on invoque; il est fini, et je n'admets que l'Être infini, hors d'atteinte, et qui, pour nous, est comme s'il n'existait pas.

Ces deux sortes d'athées pèchent par ignorance ; l'un nie tout Dieu, personnel ou impersonnel, parce qu'il ne sait pas que c'est à son action constante que l'univers doit son existence et sa vie, et que le mal tient aux nécessités de l'Evolution, aux actes commis par les hommes aux cours des vies successives; l'autre considère l'Infini comme non existant pour nous, et il nie l'aspect personnel de cet Infini, parce qu'il n'a point compris que cet aspect s'allie nécessairement à l'Infini impersonnel, qu'il ne peut exister qu'en ce dernier et par ce dernier.

Puis viennent les panthéistes. Ils disent : l'intelligence et la vie sont partout, et les êtres les moins développés sont ceux qui se trompent le moins ; le cristal se forme par un dépôt moléculaire qui se fait le long de ses axes de cristallisation, la plante enfermée dans l'obscurité se dirige infailliblement vers l'orifice qui lui apporte la vie par la lumière, l'abeille et le castor construisent plus facilement et mieux que l'homme, comment Dieu ne serait-il point partout, en tout?

Le panthéiste a raison, — Dieu est incarné dans le monde, l'univers est sa manifestation, son corps, a dit saint Paul; il n'a tort

3

que lorsqu'il nie que les autres systèmes aient leur part de vérité : comme l'athée, il ne voit qu'une facette de Dieu.

C'est ensuite le tour du monothéiste. Lui, ne peut comprendre qu'un seul dieu, et un dieu personnel, possédant un « moi ». C'est juste, il n'y a qu'*un* Dieu et Dieu est évidemment un « moi ». Mais le monothéiste, lui aussi, ne voit qu'un côté de Dieu, il ne peut comprendre encore que tout est un « aspect » de la divinité, que des « centres » divins se forment incessamment dans le sein de l'Infini, que ces « centres » que nous appelons les êtres, existent potentiellement en Dieu et deviennent des « dieux » par l'évolution, sans qu'il y ait dualité divine. Il ne peut concevoir, d'autre part, qu'il existe un autre « moi », un « moi » infiniment plus grand que celui qu'il comprend et qu'il admet, le « Moi absolu », l'Être en soi : c'est pourquoi il anathématise, à la fois, les athées, les panthéistes et les polythéistes.

Arrivons à ces derniers. Quand ils sont exclusifs, ils ne sont, eux aussi, que des hommes insuffisamment développés, incapables de concevoir le centre total et les aspects les plus élevés de la divinité ; ils s'en tiennent à ses aspects inférieurs, aux « puissances » qui dirigent les éléments, aux « agents » de Dieu dans l'univers.

La théosophie comprend et montre toutes ces facettes du divin Joyau ; elle conçoit tous les « aspects » de Dieu dans l'Univers ; elle sait donc que tous ces systèmes philosophiques contiennent une portion de la Vérité. Aussi ne persécute-t-elle personne ; elle éclaire pour unir, — je le répète encore ; elle dit aux combattants : Vous avez tous raison, mais incomplètement ; vous le comprendrez quand vous aurez vu toutes les facettes de Dieu. Au lieu de vous battre, aimez-vous donc et aidez-vous réciproquement à mieux voir.

⁎ ⁎

Et maintenant, qu'est l'Univers ?

Pour la Théosophie, l'Univers est le corps du Dieu manifesté, personnel ; l'ensemble de la matière qui va évoluer, qui va fournir les formes des êtres, des « centres de conscience » naissants qui vont accomplir leur pèlerinage vers la divinité.

L'Univers est fondamentalement *un* avec Dieu ; il est un « aspect » de Dieu, de l'Être infini ; s'il était autre chose que l'une des formes de l'activité divine, il y aurait dualité dans l'Être ; à côté de Dieu, il y aurait l'Univers ; Dieu ne serait plus infini.

L'Univers c'est l'Énergie divine qui manifeste ce qui se révèle à nos sens comme force-matière ; c'est l'Énergie divine qui nous apparaît ici sensation, plus loin pensée, ailleurs amour et dévouement, plus haut volonté, et ainsi de suite pour tous les états de matière que nous ignorons, pour toutes les facultés qui restent à se développer dans le stage surhumain de l'évolution.

C'est la même Energie divine qui façonne les atomes, créée les mers diverses de la matière connue et inconnue, crée les formes visibles et invisibles ; c'est la même force intelligente qui dirige les évolutions innombrables des mondes visibles et invisibles : tout est un fragment de Dieu, une forme de la Divinité.

Ceci permet à la théosophie de comprendre le matérialisme et le spiritualisme, et de les réconcilier.

Les matérialistes constatent que, dans le monde visible, rien n'existe sans la force-matière, que tout se modifie avec les modifications de la force-matière, que les facultés qui paraissent les plus distinctes de la matière n'en sont pas moins ses humbles tributaires. L'intelligence, la raison, la mémoire, la volonté sont à la merci d'un simple trouble moléculaire du cerveau ; elles naissent et se développent avec le développement des centres nerveux, elles faiblissent et disparaissent avec l'affaiblissement de ces centres.

Qu'y a-t-il à répondre à ces constatations ? Rien. Elles sont la vérité. Tant qu'il s'en tient là, le matérialisme a raison ; il est sur un terrain ferme ; il est irréfutable.

Mais il est dans l'erreur quand il dit qu'il n'y a pas de force intelligente pour créer la force-matière et la diriger dans ses combinaisons ; quand il doue cette force-matière de la propriété d'engendrer par soi-même, par soi *seule*, les facultés qu'elle manifeste. S'il n'y avait pas le fluide électrique dans nos lampes à incandescence, nous ne verrions que ces lampes, il n'y aurait pas, en plus, la lumière. S'il n'y avait pas l'Etre, qui, est à la fois la force-matière, plus tout ce que cette force-matière n'est pas, il n'y aurait que la force-matière, il n'y aurait pas les facultés qu'elle manifeste.

Les idéalistes, eux, — ou spiritualistes si vous le préférez, — nient la force-matière, ils disent qu'elle n'existe pas *per se*, qu'elle n'est qu'une illusion due à l'Esprit, c'est-à-dire à l'activité divine.

Jusqu'ici, ils ont raison : la force-matière n'est qu'un « aspect », une forme de l'activité divine, une forme de l'Esprit divin. Mais, si l'idéalisme ajoutait que *cette forme* de Dieu n'existe pas, que ces formes n'ont pas des rapports vibratoires entre elles, il commettrait erreur profonde ; il n'y aurait qu'à conseiller à l'un de ces négateurs de se jeter au feu : il verrait que l'aspect de l'activité divine qu'on nomme la force-matière du corps humain existe, et que ses relations avec cet autre aspect de l'activité divine appelé le feu sont parfaitement définies et permanentes.

La conception que nous avons de la force-matière est fausse évidemment, c'est par un phénomène d'illusion (par ignorance) que nous distinguons cette force-matière de l'Esprit, de l'Être, de Dieu ; mais elle existe, on ne peut la nier.

Ici encore la théosophie réconcilie les deux adversaires.

*
* *

Passons au troisième point, à l'homme.

L'homme est un être arrivé à un stage particulier de l'Evolution, au stage de la soi-conscience, au stage où le « moi » est nettement constitué.

Il faut que les êtres arrivent à développer le « moi », le « je » ; on ne peut devenir intelligent, on ne peut comprendre, on ne peut devenir immortel que si le « moi » se constitue. Nous sommes tous éternels en Dieu, dont nous ne sommes que des fragments ; mais un fragment divin ne devient immortel que lorsqu'il est devenu conscient de son existence.

L'homme est immortel parce qu'il est soi-conscient, il a fait la première moitié de la route. La deuxième moitié fait grandir sa conscience (sa connaissance), et quand il l'a dilatée au point d'embrasser l'Univers, de savoir ce qui se passe partout, de faire écho à toutes les vibrations des êtres, de ne faire qu'un avec la conscience de Dieu incarné dans le monde, — alors il a gagné le prix, il a fini son pèlerinage, il est devenu un dieu en Dieu ; un nouveau « centre » conscient, omniscient et omnipotent s'est créé dans le « Centre » suprême : il sait qu'il est *un* avec Dieu, qu'il est une individualité, un « moi » qui ne fait qu'un avec la grande Individualité, le grand *Moi*. Il connaît le grand Mystère, le mystère de l'Etre absolu et de l'être manifesté, le mystère de la Vie divine et de la vie humaine, le mystère de l'Evolution.

Le corps qui permet la pleine manifestation du « moi », qui crée l'homme (car l'homme est un être arrivé au stage du « moi »), c'est le corps mental supérieur, le corps causal, dont je vous ai parlé mercredi soir. L'animal n'a pas de corps causal, il ne possède qu'un corps mental rudimentaire ; il pense, il raisonne, il se souvient, il calcule, mais ses pensées sont simples, très concrètes, *jamais abstraites* ; et c'est cette dernière caractéristique qui sépare nettement l'homme de l'animal.

Il est une faculté humaine sur laquelle les écoles philosophiques diverses ont longtemps disputé sans s'entendre : c'est la mystérieuse liberté. Les uns disent que l'homme est absolument libre ; d'autres croient qu'il est enchaîné aux lois de l'univers, à la fatalité ; un troisième parti affirme que l'homme est une épave dont les mouvements (les actes) sont déterminés exclusivement par la direction des vents qui soufflent sur elle.

Tous ont raison en ce qu'ils disent, tous voient clairement le terrain qu'ils examinent, mais tous se trompent en ce sens qu'ils ignorent que le terrain total est plus grand que la partie qu'ils en regardent, et que la Vérité n'est que dans la vue de toutes les parties de la question.

Voici ce que j'ai compris à l'enseignement théosophique sur cette abstruse matière.

Qu'est-ce que la liberté, le libre-arbitre ? C'est le pouvoir d'agir, de se déterminer librement, indépendamment de toute considération extérieure à soi. C'est le pouvoir de la Volonté, le *fiat* divin que tout être possède à l'état latent ou développé. Tout être le possède parce que toute particule cosmique fait partie du Tout, et que toute partie du Tout possède en potentialité les qualités de ce Tout. Mais ce pouvoir n'acquiert une certaine intensité, ne se *révèle* que chez les êtres arrivés à un certain degré d'avancement, comme les feuilles, les fleurs et les fruits, tout en étant contenus potentiellement dans la graine, ne se montrent que lorsque l'arbre atteint un certain degré de développement.

Il faut distinguer avec soin le pouvoir d'agir librement, des conditions qui permettent la réalisation de l'action. Chez Dieu, ce pouvoir se réalise sans obstacles ; chez l'homme, qui n'est qu'un dieu en germination, il ne peut se *réaliser* que dans certaines limites, — les limites que lui impose son degré de développement, sa force. Un prisonnier chargé de chaînes est libre de se résigner à son sort ou de lutter pour briser ses entraves, mais sa liberté n'a pas une énergie suffisante, d'ordinaire, pour se manifester extérieurement, pour vaincre les obstacles qui s'opposent à elle. La cohésion des molécules du fer possède une force donnée, et tant que l'énergie de la volonté du prisonnier ne sera pas suffisamment développée pour la vaincre, le fer l'étreindra ; quand cette volonté aura grandi au point de dominer la force de cohésion du fer, ses liens tomberont. Ce phénomène s'est produit fréquemment chez les saints de toutes les églises, et des phénomènes analogues se sont présentés dans le spiritisme (1).

Un être ne peut donc manifester de liberté avant d'avoir développé sa force jusqu'à un certain point. L'homme est arrivé à ce point ; sa liberté commence, elle augmente sans cesse avec l'évolution ; pour

(1) Voir ZÖLLNER : *Physique transcendantale* : phénomène des anneaux qui sortent de la tige d'un guéridon. Il n'y a pas rupture, il y a plus : dématérialisation et rematérialisation de ces anneaux.

le moment, elle ne peut se manifester *entièrement* que lorsqu'il se ligue avec la Loi ; s'il va contre elle, il va contre la volonté divine, il ressemble à un nageur qui remonte le courant d'un fleuve ; ses forces s'épuisent à un moment donné et le courant l'emporte. Et il en sera ainsi, il sera incomplètement libre tant qu'il ne sera pas devenu un dieu, tant qu'il n'aura pas développé une force égale à celle de la Loi, une force égale à celle de l'Evolution, une force égale à celle de Dieu, car c'est Dieu qui fait l'évolution, c'est Dieu qui est la Loi du monde. Mais alors il ne *voudra* plus aller contre la Loi ; il sera un « dieu », un collaborateur tout puissant de cette Loi divine qui est le Bien suprême.

Dieu donc est seul entièrement libre, parce qu'il connaît pleinement la Loi, parce qu'il est la Loi, et l'homme ne devient à son tour tout à fait libre que lorsqu'il est devenu divin.

Qu'est-ce que la Fatalité, maintenant ?

C'est l'obstacle que les lois de la Nature opposent à la volonté humaine ; c'est la force divine s'opposant à l'ignorance humaine qui se bute contre elle, c'est la nécessité qui s'oppose à la liberté. Cette fatalité serait absolue si Dieu n'intervenait pas, car la liberté ne pourrait naître en l'homme, elle serait étouffée dans son germe, et le but de l'évolution, le but de l'Univers ne saurait se réaliser. Dieu intervient alors, il *cède* volontairement à la liberté naissante des êtres quand elle s'oppose à la Loi du monde, pour qu'elle s'exerce et se développe ; de sa puissante main, il soulève au-dessus des épaules humaines le fardeau écrasant de la Loi et il ne l'y laisse peser qu'autant que l'homme peut le porter, et la force humaine grandit ainsi jusqu'à ce que le But soit atteint : la divinisation. La somme d'énergie qu'un homme a développée constitue sa liberté ; toutes les forces de la Nature qui dépassent sa force personnelle constituent pour lui la fatalité.

Voilà pourquoi l'homme actuel est à la fois libre, et soumis à la fatalité ; voilà pourquoi il n'est ni absolument libre, ni absolument esclave ; voilà pourquoi il devient d'autant plus libre qu'il se développe davantage, qu'il approche d'autant plus du but ; voilà pourquoi il n'est absolument libre que lorsqu'il est devenu ce que Dieu désire, — un dieu en Dieu, un fils devenu semblable au Père.

Passons au déterminisme.

Le pouvoir de volonté, de libre arbitre est confondu bien souvent avec les agents qui le mettent en action ; ces agents sont très nombreux ; l'homme est mû par la peur, l'espérance, le plaisir, la peine, l'amour, la haine et bien d'autres passions et sentiments. Mais ces mobiles ne sont pas la volonté, le libre arbitre ; ils ne sont que des forces agissant sur la liberté. L'homme que pousse une passion, peut examiner, avant d'agir, ce qui l'excite à l'action et n'agir qu'après examen : il cède alors, ou il résiste. Le pouvoir de liberté peut être plus faible que la force de la passion, et dans ce cas l'homme cède, il succombe. Mais à mesure que le pouvoir de liberté s'accroît, — et il s'accroît par l'exercice, et malgré ses défaites, — il arrive à être plus fort que la passion qui jadis le terrassait. C'est ainsi qu'autour de nous, nous trouvons des hommes énergiques, qui ont posé le pied sur la tête du serpent de la tentation, des hommes qui ont vaincu les forces animales, qui ont dominé même les forces humaines de l'égoïsme, des hommes maîtres de leurs pensées comme de leurs passions ; ces hommes sont grands parce que leur volonté est grande, et tandis que nous voyons autour de nous les humains ballotés dans la vie comme des fétus de paille à la merci des vents, eux sont fermes, rien ne les détermine si ce n'est leur intelligence assagie, leur dévouement sublime ; en eux, le pouvoir d'agir n'est plus vaincu, il n'est plus *déterminé*, il agit en maître, avec la divinité dans l'homme.

Je voudrais vous redire la même chose sous une autre forme.

Il faut distinguer la force de la volonté de la force du sentiment ou de la passion. Tout sentiment, toute passion est un être rudimentaire ; *sa force est sa volonté* ; l'homme possède en lui toutes les forces (forces spirituelles, mentales, passionnelles et physiques) ; les forces physiques sont dans son corps visible, les forces passionnelles sont dans son corps des sensations, les forces mentales sont dans son corps mental. Les forces passionnelles dominent chez l'homme inférieur, les énergies mentales dominent dans l'homme ordinaire, les énergies spirituelles dominent dans l'homme supérieur ; mais il est une force suprême, une force qui ne sera bien développée que dans l'avenir, une force qui dominera toutes les forces précédentes parce qu'elle est leur racine commune, parce qu'elle est leur source : c'est la Volonté, le libre arbitre. Quand cette force est arrivée à sa maturité, elle est le Souverain, la puissance en l'homme devenu divin ; elle n'est plus déterminée, elle détermine tout.

Le déterminisme est donc vrai : la volonté de l'homme est d'autant plus « déterminée » que cet homme est moins avancé dans son évolution. D'abord, il est dominé par la force de ses passions, puis par la force de son égoïsme, puis par la force de la divinité qui est *lui* quand il a suffisamment grandi, quand il est devenu un « dieu » : alors seulement il est libre, alors seulement il n'est plus déterminé.

Voilà donc le libre arbitre, la fatalité et le déterminisme réconciliés.

***

Mon dernier point sera la *Loi morale*, et ici comme déjà, fidèle à mon but; j'essayerai de réconcilier tous les systèmes, certain que tout le monde cherche la vérité et veut le bien.

Je synthétiserai les divers aspects de la Loi morale qui ont attiré l'attention des hommes, en trois formes principales. On pourrait les appeler la morale révélée, la morale de la raison, et la morale de l'intuition.

La morale révélée est celle des peuples primitifs, composés d'âmes jeunes. Elle est donnée, — *révélée*, — par de grands Êtres qui ont dépassé le stage humain, et qui reviennent, se réincarnent volontairement pour aider leurs frères plus jeunes : ces êtres sont au fond de toutes les traditions antiques, ce sont les personnages mystérieux qui apparaissent au berceau des races, les Manou, Menès, Moïse, Orphée, les dieux, les demi-dieux, les héros. Ils descendent sur la terre pour aider l'enfance des peuples ; pour ce travail délicat il faut une sagesse profonde, un ascendant prestigieux dû à la bonté, la noblesse d'âme, la science, la puissance miraculeuse. Il faut être sage pour tracer la route, il faut être noble et bon pour attirer la confiance et l'amour, il faut être puissant pour s'imposer définitivement à ceux qui savent déjà que l'on est un guide sage, dévoué, *divin*.

Ces êtres imposent la morale à leurs frères en bas-âge ; ils facilitent l'obéissance par la crainte de la punition ou l'appât de la récompense; ils laissent une grande marge aux faiblesses et n'exigent que les rudiments de la vertu : ils ne demandent que ce que l'on peut donner. N'agissons-nous pas ainsi avec les enfants ? Demander l'impossible est absurde, exiger la parfaite moralité à des âmes jeunes, c'est vouloir que le frêle bras d'un bébé soit le bras robuste de l'hercule.

C'est parce que ces grands Révélateurs sont des sages qu'ils ont donné aux races primitives des codes qui, pour nous, race plus mûre, apparaissent parfois immoraux. Lisez la Bible, et vous y verrez que Moïse institua la loi du talion, la polygamie, les sacrifices sanglants. Si la théosophie était l'ennemie du christianisme, il me serait bien facile de le combattre ici, mais, je vous l'ai dit, elle est l'amie de toutes les religions, un fragment nouveau et plus brillant de la Vérité universelle, et elle vous explique la raison de ces tolérances.

La loi du Christ ne fut pas la même, parce que le peuple hébreu avait mûri avec les années, les âmes avaient grandi quand Jésus vint prêcher le nouvel évangile, aussi sa morale fut-elle plus sévère, plus haute, beaucoup plus noble et pure. Et plus pure encore sera la morale, plus nobles encore seront les commandements du prochain Messager, de Celui qui posera les fondations de l'édifice religieux qui devra diriger la race future.

Mais quand les hommes ont grandi, quand leur intelligence s'est éveillée, ils ne veulent plus de l'obéissance aveugle ; ils veulent savoir pourquoi il faut obéir, et dès lors ils entrent dans une ère nouvelle. Ils discutent les lois morales révélées, ils en établissent de nouvelles, ils créent des systèmes théoriques dont ils tirent des applications pratiques ; ils modifient, détruisent, reconstruisent à mesure que leur intelligence et leur expérience leur fournissent d'autres matériaux, leur montrent des aperçus nouveaux.

L'humanité actuelle est à ce stage ; sa partie la plus avancée a rejeté les commandements transmis par la tradition religieuse, et règle sa conduite sur la raison ; et la raison a fini par lui prouver que le Bien c'est ce qui profite au plus grand nombre. La morale de la raison c'est la morale utilitaire ; son critérium est celui-ci : Telle règle de conduite aura-t-elle pour résultat l'amélioration du plus grand nombre ? Elle est bonne alors. Ne profitera-t-elle qu'à la minorité ? Elle est mauvaise.

Et c'est ainsi ; l'individu doit passer après la collectivité ; l'on se doit aux autres avant de se devoir à soi. Et l'humanité modifie, purifie sans cesse sa loi morale, en se guidant sur la raison, sur la lumière de l'intelligence.

Mais l'homme, l'Ame, grandit sans cesse ; le cœur en lui se dilate, l'amour naît, une lueur nouvelle apparaît ; cette lueur devient une flamme, une flamme, qui, elle aussi, éclaire, mais dont la lumière n'est plus la lumière froide du cerveau, le résultat du calcul, du raisonnement ; c'est l'éclat de la Vie qui s'impose, de la Vie qui se manifeste au-dehors, qui rayonne et parle de cette voix muette qui est plus forte que le monde : la voix de la conscience, de la conscience grandie, divinisée. C'est une ère nouvelle qui s'ouvre, la voix de la conscience parle, elle commande, ses conseils sont des lois ; elle parle en éclairant.

Arrivé à ce stage de développement, l'homme *sait* ce qu'il doit faire ; il n'a plus besoin des préceptes de la morale révélée, il a dépassé les conclusions élaborées par sa raison, il sent la Loi en lui, une loi plus exigeante, plus sévère, plus minutieuse que toutes les précédentes : il doit la suivre, il le sent, il le sait.

Telles sont les trois formes de la Loi morale. Toutes trois aident l'évolution et mènent au But par des chemins différents : l'une y conduit par la route large, fleurie et facile de l'enfance ; l'autre suit les zigzags que lui impriment les tentatives diverses de la raison hésitante ; la dernière monte droit au but, par une pente escarpée que ne peuvent suivre que les âmes les plus robustes, les plus courageuses, les plus nobles.

III

Rapports de la Théosophie avec les Religions.

Me voici au dernier point : les rapports de la Théosophie avec les Religions. Ces rapports sont nombreux et très importants, et c'est ici, plus encore que précédemment, que la Théosophie s'efforce d'unir.

La Religion c'est l'étude de la divinité dans la nature en général et dans l'homme en particulier. Nul ne comprend entièrement Dieu, si ce n'est Dieu ; mais les âmes sont de étincelles du soleil divin, des *germes* que l'évolution fait évoluer en dieux. De même que les facultés d'un enfant grandissent avec l'âge, de même les âmes se connaissent d'autant plus, connaissent la divinité d'autant mieux qu'elles sont plus âgées, qu'elles ont commencé leur évolution depuis plus longtemps. De même que l'enseignement est progressif, de même que cet enseignement varie de forme avec la nature des élèves, ainsi l'enseignement de la religion est progressif et varie de forme selon l'âge et la nature des âmes. Aux âmes-enfants, l'on enseigne les rudiments de la religion, — ce qu'elles peuvent comprendre du grand Mystère; — aux âmes qui n'ont encore développé que les énergies brutales de la nature inférieure, on inculque d'abord les leçons de la tolérance et de l'amour ; aux âmes dont le cœur est plus ouvert que la tête, on donne les exercices qui développent l'intelligence ; aux âmes sans énergie, l'on oppose des obstacles progressifs pour développer en elles la force. Là est l'explication des variétés dans les religions ; là est le pourquoi de la *lettre* et de l'*esprit*. — La *lettre* c'est la forme, le boisseau qui empêche l'éclat de la lumière, de la lumière qui éblouit les yeux faibles et leur paraît obscure ; l'*esprit* c'est la vie, la lumière. La lettre est pour les âmes-enfants ; l'esprit, pour les âmes avancées. On gradue la lumière selon la force des yeux ; cette gradation a constitué les degrés divers de l'enseignement religieux de toutes les églises. Les degrés élevés étaient secrets ; la connaissance de leur existence n'aurait pu que développer le désir ou l'envie chez ceux qui en étaient exclus, sans compter les inconvénients beaucoup plus graves qui en seraient résulté.

C'est parce que la forme de l'enseignement a varié, c'est parce que les boisseaux contenant la lumière ont été différents dans leur transparence que les hommes insuffisamment éclairés ont considéré les religions comme des révélations opposées, et c'est la même illusion, la même ignorance qui a fait croire aux sectateurs de chacune d'elles que la leur était seule bonne. Interrogez un bouddhiste, un mahométan ou un chrétien ; tous vous diront : la vraie religion c'est la mienne. Interrogez, parmi les chrétiens, un catholique et un réformé : l'un et l'autre vous répondront : c'est ma religion qui a raison. Interrogez une secte chrétienne quelconque et elle vous répondra : moi seule j'ai raison. Tous auront des raisons, des raisons qu'ils croient excellentes, inattaquables, irréfutables. Immense illusion ! et aussi illusion terrible puisqu'elle a fait les guerres de religions, elle a fait les massacres, les bûchers et la torture !

La Théosophie dit à tous ; vous êtes des cassettes diverses du divin Joyau, de la Religion-une ; cessez de regardez les cassettes, examinez l'objet précieux qu'elles contiennent et vous verrez que dans les cassettes de toutes les religions se trouve le même bijou, la même divine lumière : la *Vérité*. Le Joyau c'est l'esprit des religions, les cassettes en sont la lettre : ouvrez les cassettes et vous trouvez le même joyau dans toutes.

Et la Théosophie nous donne, de plus, la clef qui ouvre les cassettes. J'en ai fait l'expérience, et j'ai vu, j'ai compris, et mon intolérance de jadis, fruit de l'illusion et de l'ignorance, a fait place à la plus large tolérance, et maintenant je puis m'associer de tout cœur avec tous les cultes, je puis prier dans toutes les églises. Je désire vous montrer ce soir ce que j'ai vu moi-même.

Si nous examinons les religions dans leur cœur, dans leur esprit, nous constatons, en effet, qu'elles sont identiques, que leurs enseignements sont les mêmes. Je vais donc considérer quelques-uns de ces enseignements et vous prouver qu'ils sont les mêmes dans leur esprit, quoique la forme qui les revêt soit différente : j'examinerai le Sacrifice divin, la Trinité, la Chute, la Rédemption et les enseignements généraux sur l' « au-delà ».

*
* *

Le *Sacrifice* est à la base de toutes les grandes religions. Chez les indous c'est celui du cheval, chez les chrétiens c'est celui de l'agneau, — il ne s'agit pas ici du Christ, mais de « l'agneau immolé avant la fondation des mondes » dont parle l'Apocalypse ; l'agneau et le cheval représentent la divinité dans ces deux religions. Chez les égyptiens, c'est le massacre d'Osiris mutilé par Typhon, le serpent infernal ; dans les mystères bacchiques, c'est Bacchus (Dieu) mis en pièces par le Titan, — le démon. Partout, le sacrifice divin précède la création.

Puisque j'ai déjà parlé du mythe de Bacchus, je vais le reprendre pour montrer comment les prêtres de jadis, — qui étaient des savants en même temps que des initiés au mystère de la Vie, — savaient cacher les plus profondes vérités, sous le voile de l'allégorie.

Bacchus nous est représenté comme un enfant jouant aux dés ; absorbé dans son jeu, il se laisse surprendre par le Titan qui le mutile ; et plus tard les tronçons de son corps se rassemblent et se reconstituent.

Bacchus c'est le Créateur ; il crée les états et les formes multiples de la matière cosmique au moyen de différentes combinaisons d'atomes. Ses « dés » ont la forme des cinq polyèdres réguliers que nous avons étudiés déjà, et qui, nous l'avons vu, symbolisent les atomes primitifs des mondes divers ; la sphère représente l'atome primitif du premier monde ; le point, — le symbole de l'atome primordial du monde physique, — n'existe point parmi ces dés, parce qu'il ne peut être représenté par un objet solide, — c'e   une abstraction. Le jeu aux dés, c'est donc la création.

Qu'est-ce que le Titan? Nous avons vu dans la première conférence, en traitant de la loi de Causalité (*Karma*) que la manifestation de l'univers ne peut s'effectuer sans les « contraires », qu'on ne peut faire de la force sans une résistance, sans un point d'appui, qu'on ne peut avoir de lumière sans ombre, et qu'en somme, tous ces opposés ont pour racine commune, pour synthèse, deux *racines opposées* que la science appellerait, je crois, la racine de la force et la racine de la matière, et que les religions de l'antiquité symbolisaient parce qu'on nomme aujourd'hui dans le Christianisme : Dieu et le diable. C'est l'activité divine qui produit, à la fois, et la force et ce qui s'oppose à cette force, le positif et le négatif, l'activité et la passivité.

La force négative, et tout ce qui la représente (la résistance, la matière), c'est le Démon, le Titan, Typhon, ce qui permet la création, l'univers, c'est-à-dire la multiplicité, les formes innombrables du monde.

Dieu s'incarne ainsi dans ce monde, dans ces formes ; chaque forme emprisonne, pour ainsi dire, une portion de Dieu ; la divinité, — Bacchus, — est donc mutilée, mise en pièces comme Osiris, comme le cheval indou, comme l'agneau chrétien. Mais quand cette incarnation, — ce sacrifice de Dieu, — a permis l'évolution, a permis que chaque être soit devenu un centre divin, un « dieu », ces dieux, ces fils issus de la procréation du Père céleste ont appris qu'ils ne sont point, comme ils l'ont cru si longtemps au cours de leur pèlerinage, des fragments séparés, mais des étincelles du même Soleil spirituel, ils savent qu'ils sont un tout, une unité : les fragments du corps de Bacchus se sont rassemblés et forment une fois encore le corps glorieux de la divinité.

Tel est le mythe : un symbole cachant la science, la philosophie et la religion. En éclairant ce symbole, la Théosophie nous prouve que toutes les religions ont enseigné, sous des formes différentes, la même vérité.

*
* *

Le deuxième des points communs à toutes les religions, c'est la *Trinité*.

Le Dieu absolu, infini est incompréhensible pour nous, au stage actuel de notre développement, mais nous sentons qu'il est le Tout, que ce qui existe n'est que ses divers *aspects*, et ses manifestations. Une comparaison peut, jusqu'à un certain point, en donner une idée. Le fluide électrique, inconnu dans son essence, est la cause de toutes les manifestations qu'il produit quand on le fait traverser des récepteurs divers ; il n'est pas affecté par ces manifestations, bien qu'il en soit la cause, il reste fluide électrique pur, tout en produisant, ici de la lumière, là de l'action chimique, plus loin du mouvement ; ses récepteurs sont ses corps ; lui, est l'âme de ces corps. Avec la variété des corps apparaissent des qualités variées.

Quand Dieu, — l'Infini, le mystérieux O, — veut se manifester, produire un univers, sa Volonté produit, en lui, un *centre* (l'unité). Le chiffre un, c'est le point, c'est-à-dire une abstraction, une chose non manifestée, le Verbe non manifesté ; elle produit ensuite le 2, — la dualité opposée, — dont nous avons parlé plus d'une fois déjà. Mais la dualité, — les deux lignes qui sortent du point, — ne sont que le commencement de la manifestation, elles sont des forces indéfinies dont on connaît le point de départ, mais dont on ignore la fin ; la manifestation en est complétée par les limites que Dieu leur impose, et ces limites créent le Triangle. Telle est l'origine de la Trinité, considérée au point de vue mathématique.

Si nous la considérons au point de vue des facultés, nous voyons que l'Être manifesté ne peut exister sans trois facultés fondamentales, trois facultés dont chacune est la racine d'un nombre considérable de facultés secondaires. La première de ces facultés maîtresses, c'est la volonté (la Force), la deuxième est l'amour, la troisième est l'intelligence. Il n'est pas possible de concevoir un dieu qui n'ait en soi la capacité d'agir, un intelligence pour agir, un mobile pour agir. Le mobile de Dieu quand il crée un univers, c'est l'amour ; il réalise son but par la force guidée par l'intelligence. La force (le Père) est la première personne de la Trinité, l'amour (le Fils) en est la seconde, l'intelligence (le Saint-Esprit), la troisième. Le Père veut, le Fils aime, le Saint-Esprit dirige.

Telle est la Trinité, tel est le triangle divin, tel est le « prisme », —

car la Trinité est le prisme spirituel qui permet la création, — le premier résultat de la manifestation.

Le rayon de lumière, en traversant le prisme, se dissocie et produit sept couleurs. L'Essence divine, en sortant du sein de la Trinité, produit sept hiérarchies d'êtres, dont les chefs sont les 7 Esprits suprêmes que les religions diverses ont appelés de noms différents, mais qu'elles reconnaissent toutes. Je n'ai point à en parler; il me suffit d'avoir essayé de jeter quelque lumière sur l'obscure question de la Trinité.

* *
*

Le troisième point à traiter c'est la Chute et la Rédemption.

Qu'est-ce que la chute? Un symbole.

L'Essence divine, — nous ne trouvons pas de meilleur mot pour exprimer l'Inexprimable, — Dieu, s'incarne dans le monde pour l'animer et le guider, pour faire l'évolution, pour se multiplier et produire des milliards de « centres » dans son Centre, — des « germes » divins qui, en se développant, deviennent des dieux : tel est le grand Mystère, le mystère de la Vie, la raison des univers, le pourquoi de l'Évolution. Ce mystère paraît d'abord très obscur à l'étudiant; que ce dernier ne se décourage point; avec le temps, sa pensée le pénétrera et en dissipera l'obscurité. Nos aînés en évolution l'ont compris, nous le comprendrons.

Dieu, donc, plonge dans l'Univers une portion de son essence; son essence, c'est l'âme du monde, — ce qui deviendra l'âme des êtres. Cette âme plonge dans les formes, elle fait comme une « chute » dans l'obscurité, dans l'ignorance. Mais elle sort peu à peu de cette obscurité, elle apprend à se connaître, elle se développe; c'est elle qui sommeille dans la pierre, qui respire dans la plante, qui sent chez l'animal, qui raisonne dans l'homme, qui aime et se sacrifie dans les âmes divinisées. Quand elle a plongé dans l'inconscience la plus profonde, quand elle a fait son involution (la Chute), elle remonte en s'éveillant et se divinisant : c'est l'évolution (la Rédemption).

Je ne puis parler de la « chute » d'Adam et Ève ; ce mythe a une signification profonde, mais il comporte des détails anthropogoniques qu'il ne m'est pas possible de traiter en si peu de temps ; qu'il me suffise de vous dire que l'*Arbre de Vie*, comme l'*Arbre de la Science du bien et du mal*, qu'Adam et Ève, — y compris la pomme et le serpent, — sont tout autre chose que ce que l'on vous a appris : vous l'avez pensé déjà.

Il est pourtant un « aspect », non de la « Chute », mais de la

« Rédemption » que je désire toucher ; c'est celui d'une des formes de l'Incarnation divine. De même que Dieu se sacrifie à l'aurore d'un univers en s'incarnant dans sa création, de même quand un être est arrivé au stage divin, cet être se consacre entièrement à l'aide de ses frères plus jeunes. Chaque fois qu'une race commence ou qu'une civilisation nouvelle entre dans sa carrière, un Aîné, — l'un de ces êtres divinisés par une longue évolution, — se dévoue. Il s'incarne de nouveau et vient donner aux hommes une loi religieuse et morale en rapport avec leur degré d'avancement, en rapport avec la nature de la civilisation que ces hommes vont constituer. Il y a 2000 ans, le monde antique agonisait, la civilisation actuelle était à son berceau, une forme particulière de la morale et de la religion était nécessaire ; l'humanité allait développer d'une façon toute particulière l'intelligence, — l'intelligence concrète, celle qui fait les inventions, le progrès matériel. Or, cet aspect de l'intelligence est le compagnon inséparable de l'égoïsme, de la lutte, du combat sous toutes ses formes. Il fallait un contrepoids à cette terrible force, il fallait l'amour. Celui qui fut le Christ s'incarna et vint prêcher la nouvelle Loi ; il ne vint pas enseigner aux hommes l'art de construire, comme le firent les rois divins d'Égypte ; il ne leur enseigna point la science de l'agriculture, comme les Zoroastres ; il continua l'œuvre de son prédécesseur, le Bouddha : celui-ci avait appris la compassion, le Christ enseigna ce qui se développe quand la compassion a germé, il prêcha l'amour, — l'amour de Dieu et l'amour des hommes. La haine de l'orthodoxie hébraïque fit périr son corps : il fut doublement sacrifié. Ce fut un Sauveur du monde, un *Rédempteur* venu pour faire faire à la race en germination un nouveau pas vers la perfection.

.·.

Il me reste à dire quelques mots sur les enseignements généraux sur l'Au-delà.

Ici, encore, toutes les grandes religions sont d'accord ; toutes admettent la vie terrestre physique (la vie d'incarnation) et la vie d'outre-tombe, et il existe un raison précise à ces vies de ces mondes divers.

La vie actuelle, — la vie terrestre, — est celle que produit le corps physique, — le corps grossier en rapport avec le monde grossier.

Quand ce corps se dissocie par la mort, l'Ame se trouve dans son corps astral ; sa vie est alors celle que produit le corps astral en rapport direct avec le monde astral, — c'est le purgatoire chrétien, la *Hadès* grec, le *Kama loca* des orientaux. Dans ce monde, se trouvent des places variées, d'autant plus agréables en général, que la matière de leur milieu est plus subtile : l'enfer est dans le plus grossier des milieux, — enfer temporaire, bien entendu.

Quand le corps astral meurt, l'Ame reste enveloppée du corps mental seul ; sa conscience s'éveille alors dans le monde mental, — le ciel chrétien, le Dévachan bouddhiste, l'Amenti égyptien, les Champs Elysées grecs.

Avec le progrès de l'individu, sa conscience s'éveille dans des corps plus élevés encore, et il arrive à vivre consciemment sur des mondes de plus en plus subtils : les *nirvanas* sont de ces paradis sublimes, et la conscience s'y trouve si vive et si étendue qu'elle embrasse l'univers ; l'homme sait alors qu'il n'est pas différent des autres êtres, il sait que ce qui lui faisait croire que son « moi » était autre que les « mois » de ceux qui l'entouraient, c'était la limitation de sa conscience ; il ne pouvait alors sentir que son « moi », et maintenant ce « moi » a grandi, il sent le « moi » de tous les êtres, et il sait que tous les « mois », — toutes les âmes, — sont les fragments de la Grande Ame du monde, Dieu. Il a perdu l'erreur de la séparativité, il a perdu son « moi », sa prison, il est devenu capable de sentir plus que les corps limités qui lui servaient d'enveloppe ; il possède la conscience de tous les corps possibles, la conscience de l'Univers (1).

*
* *

Vous l'avez vu, la Théosophie s'efforce d'unir en éclairant ; car il n'est pas d'erreur absolue dans les conceptions humaines ; nos jugements sont des mixtures de vérité et d'erreur ; il s'y trouve d'autant plus d'erreur que notre vision est plus bornée, d'autant plus de vérité que notre horizon est plus vaste ; voilà pourquoi tout le monde a partiellement raison ; les plus sages sont ceux qui voient le plus grand nombre de facettes du diamant de la Vérité.

Pour mieux savoir, mieux voir, il faut mieux connaître, c'est-à-dire, mieux *sentir* ; il est une sensation qui fait connaître les vibrations physiques ; il est une sensation qu'on nomme l'*intuition* qui fait pressentir d'abord, et connaître ensuite les vibrations des

_____

(1) Voilà en quel sens le *Nirvana* est l'extinction finale du « moi ». Quand les philosophes occidentaux auront suffisamment étudié le Bouddhisme, ils ne feront plus de semblables erreurs, et leurs élèves ne les colporteront plus dans le monde, sans se demander si un esprit aussi colossal que le Bouddha a pu vraiment enseigner de pareilles absurdités.

mondes de l'intelligence et de l'amour. Ceux qui n'ont pas développé en eux-mêmes les éléments chargés de recevoir les vibrations supérieures, ignorent les hautes vérités : inutile de leur en parler ; pour le moment, ils sont sourds, leur appareil auditif spirituel, — si l'on peut ainsi dire, — n'existe pas encore ; il faut remettre à plus tard leur instruction supérieure ; mais ils développeront peu à peu toutes les cordes de la lyre humaine, et un moment viendra où ils sentiront en eux toutes les harmonies de la musique de l'univers : toutes les vibrations sont dans le monde, nous ne connaissons que celles qui trouvent dans notre lyre, imparfaite encore, une corde pour leur faire écho.

C'est pourquoi l'enseignement est et doit être progressif, non seulement dans les sciences physiques de nos universités, mais dans les sciences hyper-physiques et religieuses qui étaient enseignées dans les temples antiques. C'est pourquoi l'on cachait l'Esprit dans le symbole, tant que les élèves ne pouvaient le comprendre ; c'est pourquoi l'on groupait ces disciples par classes progressives. Et cela, dans toutes les religions, y compris celle du dernier grand Messager divin, — le Christ.

Ceci a été et est encore contesté dans l'Eglise chrétienne, — l'Eglise catholique en particulier, — parce que les prêtres, de nos jours, ont perdu l'esprit et ne présentent que la « lettre ». Je vais essayer de vous prouver qu'il en était ainsi.

Ecoutez le plus grand des Pères de la primitive Eglise, saint Origène, au sujet du symbolisme de l'Ecriture :

Des Principes, Livre IV, chap. 1.

« L'Ecriture a 3 sens : la *chair* qui est pour les hommes ordinaires, l'*âme* pour les gens instruits, *l'esprit* pour les « parfaits ».

« Les histoires sont pour les simples, et les absurdités qu'on y a introduites sont là pour rappeler qu'elles ont un sens caché. Les Evangiles ne contiennent pas une histoire exacte des événements ; ceux-ci sont introduits dans la trame de la « lettre », mais souvent ils ne sont point arrivés..... Les Evangiles sont remplis de narrations semblables (comme par exemple, le démon qui conduit Jésus sur une haute montagne), et le lecteur peut en trouver un grand nombre d'autres et acquérir la conviction que, dans les histoires littéralement rapportées, on a inséré des faits qui n'ont jamais existé... »

Il dit, dans le *Commentaire sur l'Evangile de saint Jean* :

« Aux hommes de chair, dont l'esprit est grossier, nous enseignons l'évangile littéral, et nous prêchons Jésus-Christ et son crucifiement. Aux hommes avancés, enflammés par l'amour de la Sagesse divine, nous enseignons le Logos. »

Il ajoute :

« S'il fallait s'attacher à la lettre, et entendre ce qui est écrit dans la Loi à la manière des Juifs ou du peuple, je rougirais de dire tout haut que c'est Dieu qui nous a donné des lois pareilles ; je trouverais alors plus de grandeur et de raison dans les législations humaines, par exemple dans celles d'Athènes, de Rome ou de Lacédémone... » (*Homil.* 7, *in Levit.*)

Saint Paul dit, à son tour, I, *Cor.*, x, v. 4.

« Le rocher qui suivait les Hébreux était un rocher spirituel, et ce rocher était le Christ. »

et (*Galat*, iv. 24, 25) Agar et Sarah sont une allégorie :

« Cela doit s'entendre allégoriquement, car ces deux femmes sont deux alliances...., car Agar signifie Sina qui est une montagne d'Arabie, et elle a du rapport avec la Jérusalem actuelle qui est esclave. »

Les premiers Pères voulaient, avant tout, une foi éclairée.

Contre Celse, Livre I, chap. xiii.

« L'esprit du christianisme tient comme beaucoup plus important de donner son assentiment aux doctrines en se basant sur la raison et la sagesse, qu'en s'appuyant sur la foi. Ce n'est que dans des circonstances particulières que le christianisme désire cette dernière, et pour empêcher que certains hommes restent tout à fait sans aide. »

Le Christ cachait, pour la foule, l'esprit dans les paraboles, car il est mauvais de dire ce qui ne peut être compris ; mais il expliquait l'esprit à ses disciples :

Pourquoi parles-tu en paraboles, Maître ?
Parce qu'il vous est donné de connaître les mystères du royaume des cieux, et que cela ne leur est point donné (saint Matth. xiii, 10, 11).
..... Mais lorsqu'il était en particulier, il expliquait tout à ses disciples, (saint Marc. iv, 34).

Cont. Celse. L. III, chap. xxi :

« Chaque évangile contient une quantité de doctrines difficiles à comprendre, non seulement pour la foule, mais même pour des hommes intelligents, car elles contiennent l'explication profonde des paraboles que Jésus donnait *à ceux du dehors*, et dont il réservait le sens complet pour ceux qui avaient franchi le stage de l'enseignement extérieur, et qui venaient *dans sa maison*, pour recevoir son enseignement privé. »
« Ceux du dehors », c'est la foule ; ceux qui étaient instruits dans sa maison, étaient ses disciples.

Saint Clément, dans ses *Stromates*, Liv. I, chap. i, dit :

..... « Il est des choses que j'omets volontairement, car je ne puis écrire
ce que je défends de dire, et ce n'est point par jalousie de mon savoir,
mais parce que je crains que mes lecteurs ne le prennent dans un sens
erroné et que je ne donne, comme dit le proverbe, une épée à des enfants... »

Dans le même ouvrage, chap. XII, il traite du sujet suivant : *Les*
Mystères de la foi ne doivent pas être divulgués à tous, et dans le
L. V, chap. X *De la préservation des mystères de la foi et de l'opi-*
nion des apôtres sur le secret à garder sur ces mystères.

Tertulien se plaint de ce que les hérétiques ne suivaient pas cette
règle : (*Des prescriptions chez les hérétiques*... chap. XII).

« On ne peut dire, chez eux, qui est catéchumène et qui est croyant ;
tout le monde est accepté, chacun entend, même les païens, s'il s'en
trouve parmi eux. Ils jettent aux chiens (les non juifs) les choses sacrées,
et leurs perles (quoiqu'elles soient fausses) devant les pourceaux. »

Voici enfin quelles étaient les conditions voulues pour recevoir
l'enseignement secret, chez les chrétiens primitifs. *Cont. Celse*, L.
III, chap. LX.

« Celui dont l'âme n'a été consciente d'aucun mal depuis longtemps,
et spécialement depuis qu'il s'est voué à la guérison par le Verbe, celui
là pourra entendre les doctrines que Jésus enseignait secrètement à ses
disciples. »

Cont. Celse, L. III, chap. LIX :

« Lorsque ceux qui ont embrassé la vertu ont progressé, et montrent
qu'ils ont été purifiés par le Verbe, alors, et non avant, nous les in-
vitons à participer à nos mystères, car « nous parlons sagesse parmi les
Parfaits ».

Je vous ai parlé aussi d'une hiérarchie existant parmi les étu-
diants, dans l'Eglise primitive ; la voici :
Il y avait les *Audientes* ou fidèles ordinaires, *appelés* auditeurs et
comprenant les auditeurs simples, les catéchumènes et les baptisés ;
les *Competentes* ou fidèles purifiés, le *peu d'élus*, connaissant bien la
doctrine ; et les *Parfaits* ou *Elus des élus*, les Initiés, les posses-
seurs des pouvoirs dont parle saint Paul.
J'ai fini.
Je ne vous dirai pas : devenez théosophes, ou, entrez dans la Société théosophique. Non ! Gardez votre foi si elle vous satisfait,

gardez-la aussi longtemps qu'elle vous satisfera. Mais si votre Âme souffre du doute, si elle a faim de vérité, si elle a soif de lumière, et si vous ne trouvez rien pour la satisfaire, alors étudiez la théosophie, prenez la torche qu'elle vous offre, et à sa lueur vous marcherez en sûreté dans l'obscurité du monde.

Saint-Amand (Cher). — Imprimerie BUSSIÈRE

SAINT-AMAND, CHER. — IMPRIMERIE BUSSIÈRE

www.ingramcontent.com/pod-product-compliance
Lightning Source LLC
LaVergne TN
LVHW022155080426
835511LV00008B/1405